北の国から

家族4人で幸せ自給生活

住まい・水・電気・薪・衣食までぜんぶ

三栗祐己・三栗沙恵 著

農文協

手作りしたわが家の住まい

写真撮影：佐々木郁夫

わが家の全景。2018年8月、プレハブの家を建て、自作のトイレやお風呂、太陽光発電などを設置して、家族4人での自給生活を始めた

左から筆者、中学3年生の息子、小学5年生の娘、妻の沙恵

薪ストーブと薪作り

わが家の冬は、薪ストーブ中心の暮らし。自然が作り出したエネルギーで暖を取り、干し野菜やお菓子を作る暮らしはこのうえない贅沢。冬になるまでに燃料の薪を割って蓄える

保存食を手作りする

台所に並ぶ保存食のビン。保存食作りはわが家の家族行事。春から秋に収穫される野菜や野草を使って、様々な保存食を作る。上段：左からセージチンキ、ラベンダーチンキ、みつろうクリーム、ゲットウ粉、乾燥ヨモギ、乾燥ハーブ（ミント、カモミール、ホーリーバジル）など、中段：左から三升漬け、サクラの塩漬け、豆豉、豆板醤、トマトソース、シソの塩漬け、後ろがビンで保存するアズキなど、下段：左からヨモギの焼酎漬け、ゲットウの焼酎漬け、ラベンダーの焼酎漬け、セイタカアワダチソウの焼酎漬け、ビワの葉の焼酎漬け、ドクダミの焼酎漬けなど

わが家のなか

断熱施工のおかげで、なかは真冬でも暖かい

漬け物作り

現在挑戦中のへしこ作り。へしこは北陸地方の郷土料理で、塩漬けしたイワシを米ぬかに漬け込んで作る

醤油絞り

自作した道具でもろみから醤油を絞る。作業は娘もお手伝い

ハーブティー作り

家庭菜園で育てたハーブを薪ストーブで乾燥させて作ったハーブティー。毎年10種類以上のハーブティーを作って年中飲んでいる

衣服を手作りする

妻は家族の服作りにも挑戦している。できあがった娘の服

ニワトリを飼う

ニワトリ小屋。わが家の食卓に欠かせない卵を恵んでくれる。子どもたちも世話を手伝ってくれる。ニワトリは生ゴミを食べて畑にフンを施すことで循環を作り出す、パーマカルチャーを象徴する存在

家庭菜園で野菜を育てる

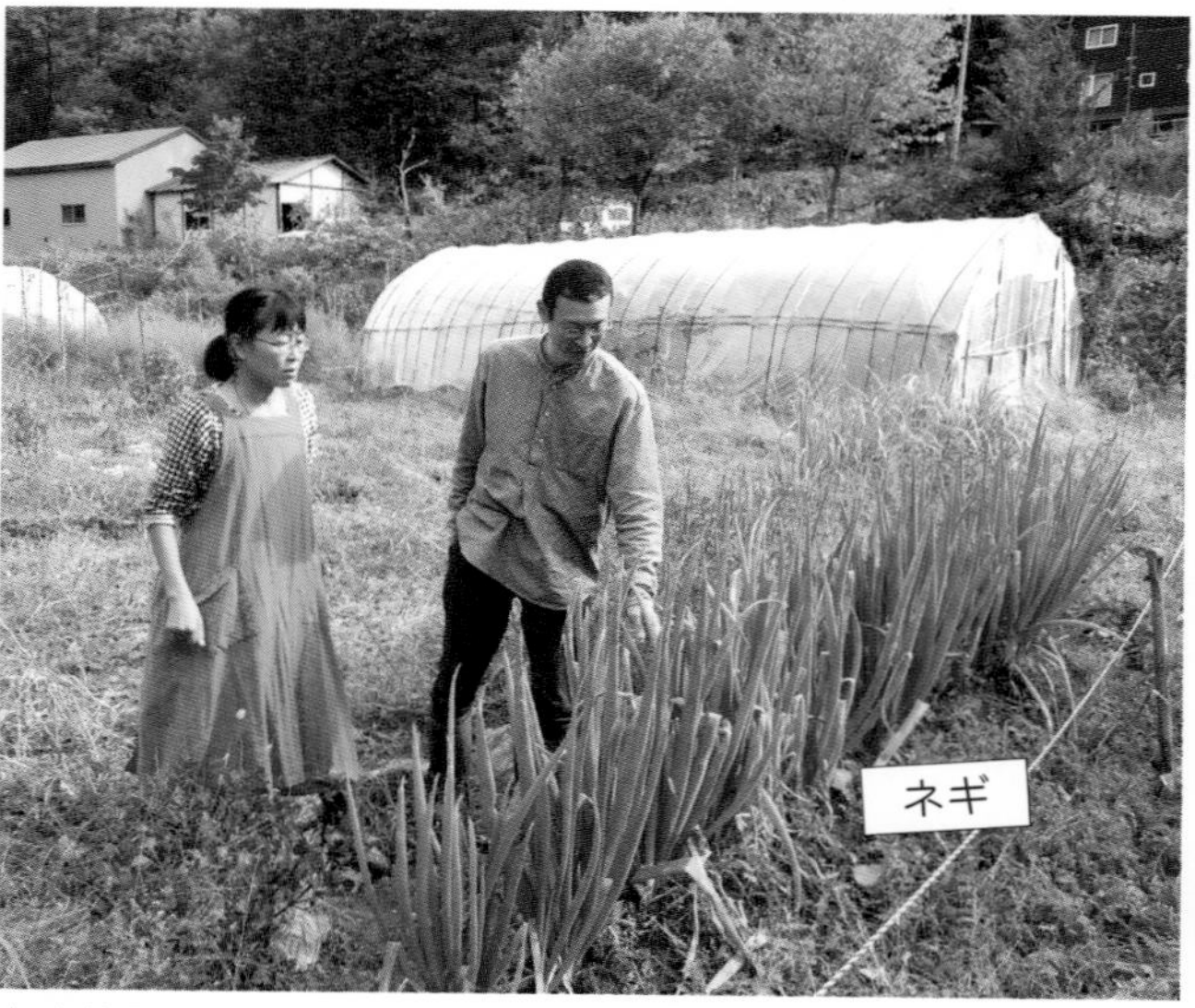

家庭菜園では、落ち葉、鶏フン、生ゴミなどで作った堆肥も使い、40種類以上の野菜やハーブを栽培している。一緒に手を動かすと子どもたちも興味を持ち、その後も進んでお世話をしてくれる。写真はネギ、ヘチマ、スープセロリ

プロローグ　ぼくのパーマカルチャー

はじめまして。三栗《みつくり》祐己《ゆうき》と申します。本書を手に取っていただき、ありがとうございます。ぼくは現在、北海道の山奥で、家族４人で自給自足の暮らしをしています。

10年前までは、子育てと仕事の両立に悩むサラリーマンでした。普通のサラリーマンから、自給自足の暮らしへ。そんな、生き方が１８０度変わったきっかけは、「暮らしをお金で買うのではなく、暮らしを作る生き方」があることを知ったことでした。

この本では、これまでのぼくの実践を振り返りながら、住まいやエネルギー、食べ物、そして衣類など、自給自足の暮らしの作り方や、そんな暮らしを通して感じたこと、考えたことなどを紹介していきます。この本を通して、仕事や子育てに日々追われている方々、現代の生活にどこか余裕のなさを感じている方々に、自給自足の暮らしの楽しさを感じてもらい、穏やかで充実した日々を送るためのヒントを見つけていただけましたら幸いです。

それでは、ぼくが今の暮らしにたどり着くまでの歩みを、簡単にご紹介していきましょう。

東京電力への入社と東日本大震災

今から20年以上前、ぼくは大学の工学部で太陽光などの自然エネルギーを活用する、新しい電力システムを考える研究室で学んでいました。世界のエネルギー問題を、自分の研究で解決できるような仕事に就きたいと思うようになり、卒業後は東京電力に入社しました。

入社7年目には希望の研究所勤務となり、順風満帆な日々を過ごしていましたが、２０１１年3月11日、東日本大震災が発生しました。原発事故によって、自分の勤める会社がエネルギー問題を解決するどころか、かえって状況を悪化させてしまったことに、大きな絶望感と無力感を抱き、東京電力を退職しました。

タイのジャングルでの暮らし

その後、函館工業高等専門学校に電気の教員として採用されたものの、慣れない仕事と、当時5歳の息子と1歳の娘の育児を両立できずに退職。次の仕事を考えていた頃に思い出したのが、タイのジャングルでの暮らしです。

タイを初めて訪れたのは２０１３年のこと。ちょうどまとまった連休が取れることになり、家族で海外旅行の行き先を検討していたところ、妻が子育て雑誌で、ある記事を見つけました。その記事は、タイの山奥のジャングルで日本人が子育てしているという内容で、何となくおもしろそうだから行ってみようか。そんな軽い気持ちで、タイの「パーマカルチャー・ファーム」を訪れることにしました。

山奥にあるそのファームには、電気やガス、水道といったライフラインがありません。ガスの代わりに山の豊富な木を薪として使い、水道の代わりに井戸や山の湧き水を利用。小さな照明やケータイの充電には、たった数枚の太陽光パネルを使っていました。

エネルギーや水が、全て自分たちの手の届く範囲、目に見える範囲で賄われている。その安心感は、これまで大規模なライフラインに依存して生きてきたぼくにとっては、とても新鮮な感覚でした。以来、5年間で延べ300日ほど家族で滞在しました。

「パーマカルチャー」という言葉を知ったのもその時です。『パーマカルチャー　農的暮らしの永久デザイン』（農文協）によると、パーマネント（永久の）とアグリカルチャー（農業）をくっつけた言葉で、同時にパーマネントとカルチャー（文化）の短縮形でもあります。ぼくはよりシンプルにわかりやすく、「持続可能な暮らし」と解釈しています。

自然のなかで住まいや畑、電気や水道など、暮らしに必要なものを全て自分たちで作りながら、働き過ぎることなく、穏やかに豊かに暮らすライフスタイル。ぼくもそんな暮らしを自分で作っていきたいと考え、教員を辞めたあとに新たな勤め先は探さず、2015年に「パーマカルチャー研究所」を立ち上げました。

タイで建てた屋根と床だけの家

北海道の山奥で自給自足生活をスタート

とは言え、当時住んでいたのは住宅街にある普通のアパート。そこで原生林の土地を購入し、住まいやライフラインをイチから手作りすることにしました。まず太陽光パネルを設置して、その電気で電動工具を動かし、小さな小屋やコンポストトイレなどを作りました。

そんな日々の活動のようすをブログで毎日発信していたところ、札幌市内で自給自足の山暮らしを20年以上続けている70代（当時）の山《やま》家《か》さんご夫婦に出会いました。野菜などの食べ物はもちろん、住まいや薪ストーブ、太陽光発電など、暮らしに必要なあらゆるものを手作りしていて、タイで見てきたような、いや、それ以上の自給自足生活を実現していました。

感動してご夫婦の元へ何度も通いつめていたところ、土地もプレハブ（住まい）も余っているからと、お二人が所有する山に住まわせていただけることになりました。そうして今も暮らすこの土地に移り住んできたのが２０１８年8月。ぼくたち家族の自給自足生活が、いよいよ本格的にスタートしました。

自作の「モバイルエコトイレ」。掘った穴の上に便器を据えて、穴がいっぱいになったら移動する仕組み

移住前の土地に建てた小屋。箱型の小屋をいくつか建てて、それらをくっつけて居住スペースにしていた

目次

第4部 お金と教育を考える

この本は、月刊『現代農業』と「現代農業WEB」での記事・連載をベースに、一部書き下ろしのうえ編集したものです。「現代農業WEB」は以下のQRコードまたはURLから。
https://gn.nbkbooks.com/

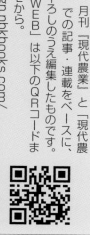

第1部

住まいを自給する

第1章 極寒のマイホーム

3つのプレハブをつなげて作ったわが家

最初にご紹介するのは、住まいです。ぼくの一家が住んでいるのは、自給生活を営む先輩たちに譲ってもらったプレハブ三つをつなぎ合わせた構造の家です。この章は、そのマイホームを手に入れた時のお話です。

60万円のマイホーム

プロローグでご紹介した通り、今の家と土地は、自給自足の先輩夫婦のご厚意で住まわせていただいています。その先輩というのが、山家《やまか》規男《きくお》さんご夫婦。25年以上前、山家さんがこの山奥の敷地（約2万坪）を手に入れてこの地を「エコロジー村」と名付け、同じく自然のなかでの暮らしを愛する仲間たちと、何年もかけて開拓してきたそうです。

先輩方はそれぞれ一つのプレハブを拠点とし、そこに住みながら本格的な家を自分たちで建ててきました。ぼくたち一家は今、そのなかの一つ、余ったプレハブを分けてもらって住んでいます。

プレハブは横2・5m、縦7・2m、高さ2・3m。ここに住もうと決めたのは、実物を見たその日。即決でした。確かに広くはありませんが、家族4人だけなら何とかなりそう。いや、多少狭くても、憧れだった自給自足の暮らしを始められる。その喜びのほうがはるかに勝っていたのです。

わが家の見取り図

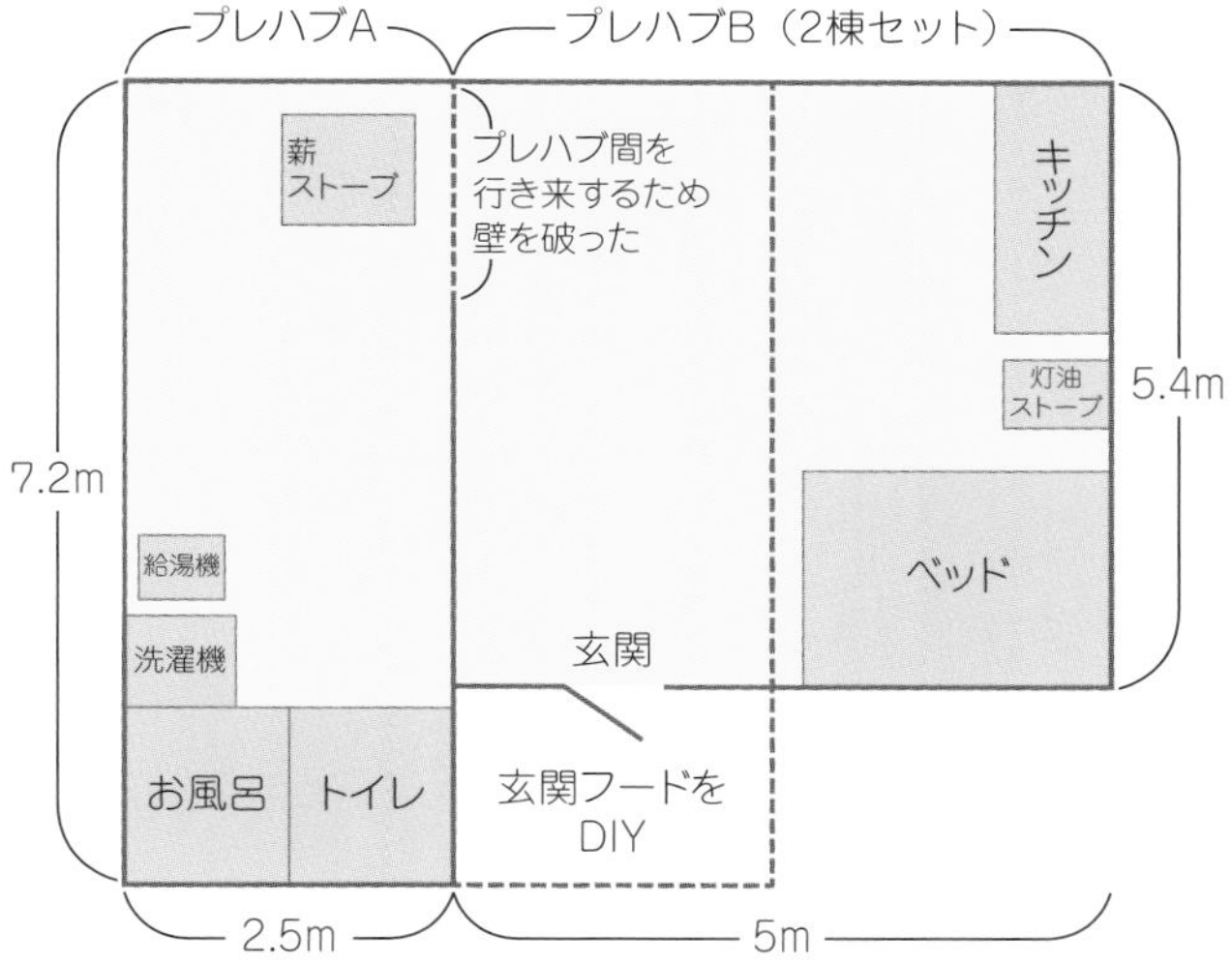

最初に住むことを決めたプレハブA。その後、プレハブBも入手できた

新たに手に入ったプレハブBを設置するようす。
こちらのプレハブはすでに断熱施工済み

山家規男さんご夫妻。ぼくの自給自足生活の先輩（佐々木郁夫撮影、以下S）

とは言っても、やっぱり狭い。部屋の間取りを考えると、だんだんと不安になってきました。トイレやお風呂場、キッチンやストーブを設置したら、居間のスペースはかなり限られてしまいます。引っ越しの荷物を毎日少しずつ運び込むと、部屋はさらにどんどん狭くなってきます。

「このプレハブに4人家族で住むというのは、実は無謀だったのではないか」

そんな不安が募ってきた移住日の1カ月前、新居の狭さに不安を抱えながら引っ越し準備に追われていると、信じられない奇跡が起きました。

「プレハブを二つ手放す人がいるらしいぞ!」

と、山家さんが教えてくれたのです。今考えても、何か見えない力が働いた、奇跡としか思えないタイミングで、プレハブをさらに二つ手に入れることができました(11ページ図のプレハブB)。

こうしてぼくたちは、三つのプレハブを並べた住まいで、新たな山暮らしをスタートしました。トータル費用60万円、現金一括払いでのマイホーム取得です。

あまりの寒さに窓にビニールを張る妻。北海道の家の窓のつくりは「二重窓」が基本だが、断熱のないプレハブの窓は一重タイプだった

断熱のないプレハブに住んでみる

さて、偶然新たにプレハブが手に入ったのはよかったのですが、困ったことがわかりました。あとから追加した二つのプレハブは断熱構造だったのですが、なんと最初のプレハブは断熱構造ではなかったのです。三つのプレハブを一つにつなげて住もうと考えていたので、断熱構造でないプレハブが一つでもあると、そこから寒さが

全体に伝わり、断熱のない家と全く変わらなくなってしまいます。

寒さが厳しい北海道で、断熱のない家に住むなんて考えられません。ここに引っ越してきたのは真夏（８月）でしたが、９月、10月と朝晩の寒さが増してくるにつれ、だんだん不安になってきました。

さらに、実際に住んでみてわかったことは、ストーブを消した時、家のなかが寒くなっていくスピードが異様に速い、ということでした。

冬では、ストーブを消して寝た時や、日中家を空けて夜に帰ってきた時など、室温が氷点下になっていることも珍しくありません。そうなると、水道凍結の可能性が出てきます。

全自動洗濯機が手動洗濯機に!?

室内でも氷点下になることがわかったので、家のなかの水回りは、「水を流しっぱなしにする」「水道管に断熱材を巻きつける」などの凍結対策を施しました。

それでも、11月中旬のある朝、事件は起きました。

朝起きて洗濯機を回そうとしても水が出ないのです。うちの洗濯機は、一般的な縦型の全自動洗濯機なので、（スタート）ボタンを押せば、自動で水が出てくるはずですが、出ません。どうも、凍結により内部の部品が壊れてしまったようです。一瞬、冬に洗濯物を手洗いする姿が頭をよぎりましたが、壊れたのは水を自動で供給する部分のみ。

「そうか、水は手動で入れればいいのか」

不便ではありましたが、そういえば、ぼくが小学生の頃に使っていた「二層式洗濯機」もこんな感じだったよ

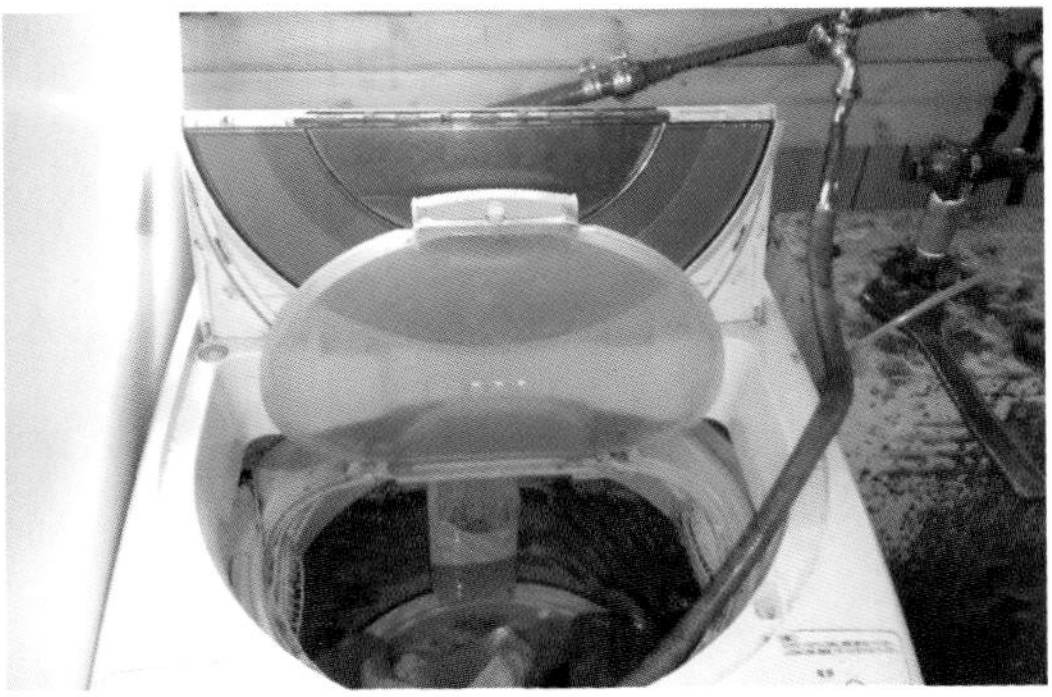

凍結して壊れて半自動となった全自動洗濯機。水は手で入れた（この洗濯機はその後買い換えた）

な、と思いながら、その後もしばらくこの洗濯機を使ったのでした。

どうにか冬を越せた！

洗濯機凍結事件以外にも、このあと大小様々なトラブルが起きるのですが、冬に断熱のないプレハブに住んだ経験は、大きな自信となりました。

北海道では、断熱無しの家では住めない、生きていけないと思っていましたが、何とか生き延びることができました。ちなみに、翌年以降は、ＤＩＹでプレハブの壁に断熱工事を行ない、暖かく過ごせるようになっています。断熱工事のようすは、第５章で詳しくご紹介します。

第2章 ペンキ塗りと壁破り

プレハブ三つを手に入れて作ったわが家ですが、引っ越し直後に雨漏りに見舞われたほか、トイレに行くために外に出る構造など不便な状態でした。ここでは、ペンキ塗りでの雨漏り対策と、トイレに行くための壁破りのようすをご紹介します。

雨漏りがペンキで直る⁉

ぼくたちがこの札幌の山奥に移住してきたのは、２０１８年の８月14日。この年の８月は、北海道にしては珍しく、まるでぼくたちを歓迎するかのように（?・）、何日も雨が降り続きました。

でもこの歓迎の雨、全然ありがたくありません。案の定、移住した翌日から大量の雨漏りに見舞われます。特にトイレの雨漏りがひどく、バケツや洗面器、ジョウロなど、ありとあらゆる容器を総動員し、雨水を溜めては捨てる作業を繰り返しました。

山家さんに相談すると、「屋根にペンキを塗ると雨漏りは収まるよ」とのアドバイス。でも、ペンキで雨漏りが止まるなど、聞いたことがありません。最初は全く信じられなかったのですが、それ以外に方法もわからず、とにかく試してみるしかありません。

プレハブの屋根に上がってよくよく見てみると、屋根は、鉄板と鉄板が継ぎ合わさってできています。その継

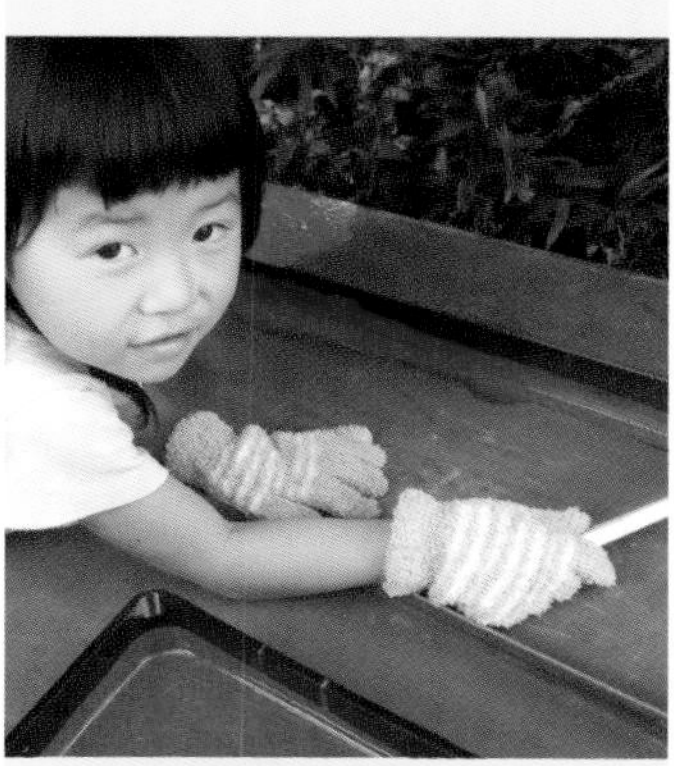

家族総出で屋根のペンキ塗り

あらゆる容器を総動員して雨漏り対応

ぎ目の部分から雨が浸入して雨漏りになるのではないか。まずはその継ぎ目にペンキを塗ることにしました。自給自足生活の最初の仕事は、屋根のペンキ塗り、家族総出での挑戦となりました。

そして次の雨の日…。体感ですが、雨漏り「8割減」を達成！

「山家さんの言っていたことは本当だった…」。

ペンキの効果に希望を感じたぼくらは、次の晴れの日に、再び屋根のペンキ塗りを実施。今回は、さらに念を入れて、継ぎ目と、さらに屋根全体にもペンキを塗りました。そうすると、雨漏りはほぼ収まりました。

トイレに行くため壁を破る

わが家は、もともとあったプレハブAと、あとから入手したプレハブB（2棟セット）をくっつけて配置してあります。「くっつけて」とは言っても、なかで部屋がつながっているわけではなく、それぞれが独立した箱です。ですから、プレハブどうしを直接行き来することはできず、例えば、居間からトイレに行く場合、一度外に出てからトイレがあるプレハブに入る必要があり、とても不便でした。

そこで、プレハブどうしをつなげるために「壁破り」を行ないました。これも初めての仕事ですが、これはもう要領などありません。壁に穴を開けたり、剥がしたり、毎日少しずつ壁の穴を広げること4日間…。

ついにプレハブAとBがつながりました！

「これで、トイレに行くのにわざわざ外に出なくていい！」

普通の家に住んでいれば、まず、味わうことのできない感動です。

破ったところから再び雨漏り

しかし、試練はまだまだ続きます。プレハブＡとＢの壁を破ったわけですから、当然、そこにはわずかながらすき間が空いてしまいました。

そのすき間から風が吹いてきます。雨も降ってきます。そしてタイミング悪くこの時、台風が直撃。泣きそうになりながら、急いで余っていた木材やビニールで壁のすき間をふさぎ、プレハブの上を覆うように屋根を自作しました。

そうして見事、再び雨風をしのげる住まいとなったのです。

雪解け時期に再び雨漏り

台風による雨漏りから半年、すっかり安心していたのですが、翌年３月の雪解けシーズン、再び雨漏りが発生

継ぎ目のみにペンキを塗る

全面に塗り終えたところ。家族総出でペンキを塗って雨漏りを止めたことは、わが家全員にとって大きな自信となった

「壁破り」のようす

1 もとの壁。今からこの壁に穴を開けます！

2 のみとハンマーを使って壁を剥がしていく

3 2つのプレハブがつながった瞬間！

4 壁紙や板を剥いでプレハブどうしが完全につながった

してきました。

屋根にペンキで塗装したにも関わらず、雪解けとともに再び雨漏りする。その謎に対するぼくの仮説は、こうです。①冬の間に、雪が屋根に降り積もる。②その雪が、室内の熱で解けて水になる。③解けた水が再び氷点下になって凍る。④屋根の継ぎ目に付着した水や、ペンキに含まれる水分が凍ることで、水の体積が膨張する。⑤この水の「融解」「凍結」の繰り返しで、屋根の継ぎ目が空いてきて、雨漏りが発生！

その証拠に、ペンキを塗り直したそのまた翌年、雪解けシーズンになるとやはり再び雨漏りするのです。

ですからわが家では、毎年6月のペンキ塗り作業が恒例行事になりました。

ここで紹介したような家の改造や修繕は確かに大変ですが、暮らしに関わる作業を家族全員で行なうと、

プレハブどうしのすき間の上を覆うように屋根を自作した

プレハブAとBのすき間

仕事が終わった時の喜びを共有できたり、団結力がアップしたりするので、必ずしも困ったことだけではないなと思うようになってきました。

第3章 トイレを手作りする

トイレのタンクへの給水はジョウロで大丈夫??

プレハブの家ができて雨風はしのげるようになりましたが、電気・ガス・水道などのいわゆるライフラインには最初は接続されていません。ここで紹介するのは、そのライフラインのなかでも特に重要な、トイレのお話です。

まずはトイレ作り

ぼくたちが暮らしているところは、山暮らしの師匠の山家さんとそのお仲間が25年以上前に開拓した土地です。そして、今、ぼくらが住んでいるプレハブは、本当は山家さんの開拓仲間が住む予定でしたが、それがキャンセルとなって余っていたのを譲り受けたものです。

ですから、ありがたいことに、ぼくたちが移住してきた時にはすでに山の伏流水を水源とした水道と、下水の処理システム（「土壌浄化法」という処理方法）がある状態でした。

ですから、水回りでぼくたちがまず取り組むべきことは、「水道管を家まで延長すること」と、「トイレとお風呂を設置すること」です。

さっそく、手探りで進めるトイレ作りが始まりました。

トイレを自分で設置するプレッシャー

トイレ本体は、これもラッキーなことに、ここに住む予定だった人が残していってくれたものがありました。ですから、この本体を床に固定して、水を流すための給水管と、し尿を流す下水管をそれぞれ本体に接続すれば完成です。

と、言うは易しで、この作業はかなりの恐怖が伴いました。この下水管の接続に失敗すれば、トイレの水が家中に広がってしまいます。それだけはなんとしても阻止せねばなりません。この家に住めるかどうかは、このトイレ接続作業にかかっているのです。

ネットで調べると、トイレの排水の接続には「接続部品」というものが必要とわかり、さっそく、ホームセンターで買ってきました。一式で2500円程度のものです。取り付け前に付録の説明書を穴が開くほど熟読し、いよいよ接続作業開始です。

どうにかこうにかトイレを下水管に接続！　作業中、普段見ることのできない、トイレの下の穴などを見ることができました。ただし、いきなりトイレの本番は怖いので、何度も何度もバケツの水を流してから試しました。

結果は水漏れなし！　本当にホッとしました。

タンクへの水の補給が大変

トイレを設置してホッとしたのも束の間、また新たなハードルが…。

本体は設置できたものの、まだ、流す水を溜めておくタンクは取り付けていません。タンクの取り付け方も煩雑そうだったので、このまま直接バケツで水を流してい

排水用の管（灰色の塩ビ管）を下水管まで延ばして接続する

土壌浄化法

汚水を土壌に浸潤させ、地表1mくらいの土壌に生息している土壌動物や土壌微生物、植物の根などを利用して、排水を浄化する仕組みのこと。トイレットペーパーは分解されにくいので、一緒に流さず別処分にしている

便器と排水管のつなぎ方

1 接続部品と下水管（穴）

2 **1**の穴に接続部品をはめ込む

3 床と便器のすき間から水漏れするのを防ぐためのパッキンを取り付ける

4 普段見ることのできないトイレの下の穴。し尿が流れていくところ

5 トイレ本体の設置完了！　ただし、まだタンクが接続されていない

水洗トイレの完成。水を流すたびにタンクに自動給水される

ればいいかなぁと、安易に考えていたのですが、山家さんからアドバイスがありました。

「バケツで流していると、水の量が足りなくて、いずれトイレが詰まっちゃうかも知れないよ」

そんなことになっては大変です。すぐに、タンクを取り付けることにしました。

そして、いざ、バケツで水をタンクに入れて、タンクのレバーをひねってみると…

ジャッ。

ん？　少量しか出ません。バケツ1杯程度の水では、まったく足りないのです。

今度は、2杯入れてみました。

ジャーッ（約3秒）。

2杯でも足りません。さらに、3杯目を入れて、ようやく並のトイレの水量が確保できました。

あとで調べると、平均的なトイレのタンク容量は13ℓほど。うちで普段使うバケツに換算すると、約3杯分ということになります。

その後、バケツでタンクに水を補給するのは大変なので、ジョウロを使うことにしましたが、どちらにしても大変です。13ℓの水を入れるには、ジョウロで3往復する必要があります。

自動給水機能つきトイレの完成！

これは、早急に水道管をタンクに接続する必要があります。ということで、今回もまた山家さんに指導を乞い、外から水道管を引き入れ、トイレのタンクに接続しました。

すると、なんとすばらしいことでしょう！　トイレの水を流したあと、自動でタンクに水が溜まるではありませんか！　自動給水機能つきの水洗トイレの完成です。

いやぁ、普通の水洗トイレって本当に便利ですね〜。

このように、「暮らしに必要なものを一つずつ、自分で作ってみると、当たり前のことに感動できるようになる」。そんなことに気がついたトイレの設置作業でした。

第4章 お風呂を手作りする

浴室の床作り

前章のトイレの手作りに続いて、ここで紹介するのはお風呂の手作りです。トイレ同様、お風呂も一筋縄ではいきませんでした。バスタブの設置、床作り、給湯器の設置など、何気なく使っているお風呂も奥深いことがいっぱいでした。

トイレの次はお風呂

ぼくたちが山暮らしを始めたのは、２０１８年８月のこと。それまでに、何とかトイレは完成させたのですが、お風呂作りは移住してからでした。しばらくは、家にお風呂がなかったので、近所に住む山家さんにお風呂を貸していただいたり、銭湯や温泉に行ったりしていました。でも、銭湯に行くと、当時、大人２名と子ども２名で１回あたり１０９０円。なかなかの出費ですし時間も取られます。山家さんは、いつも優しく「いいよ、いいよ、いつでも入りな」と言ってくださいましたが、さすがに毎日のように借りるわけにもいきません。ということで、トイレの次は、お風呂作りです。当然、初めての経験です。

今回のお風呂作りのプランは、大まかに次の二つです。①バスタブと給湯器は中古品を使用する。②浴室の床は水に濡れてもいいようにレンガを敷く。

わが家のお風呂の断面図

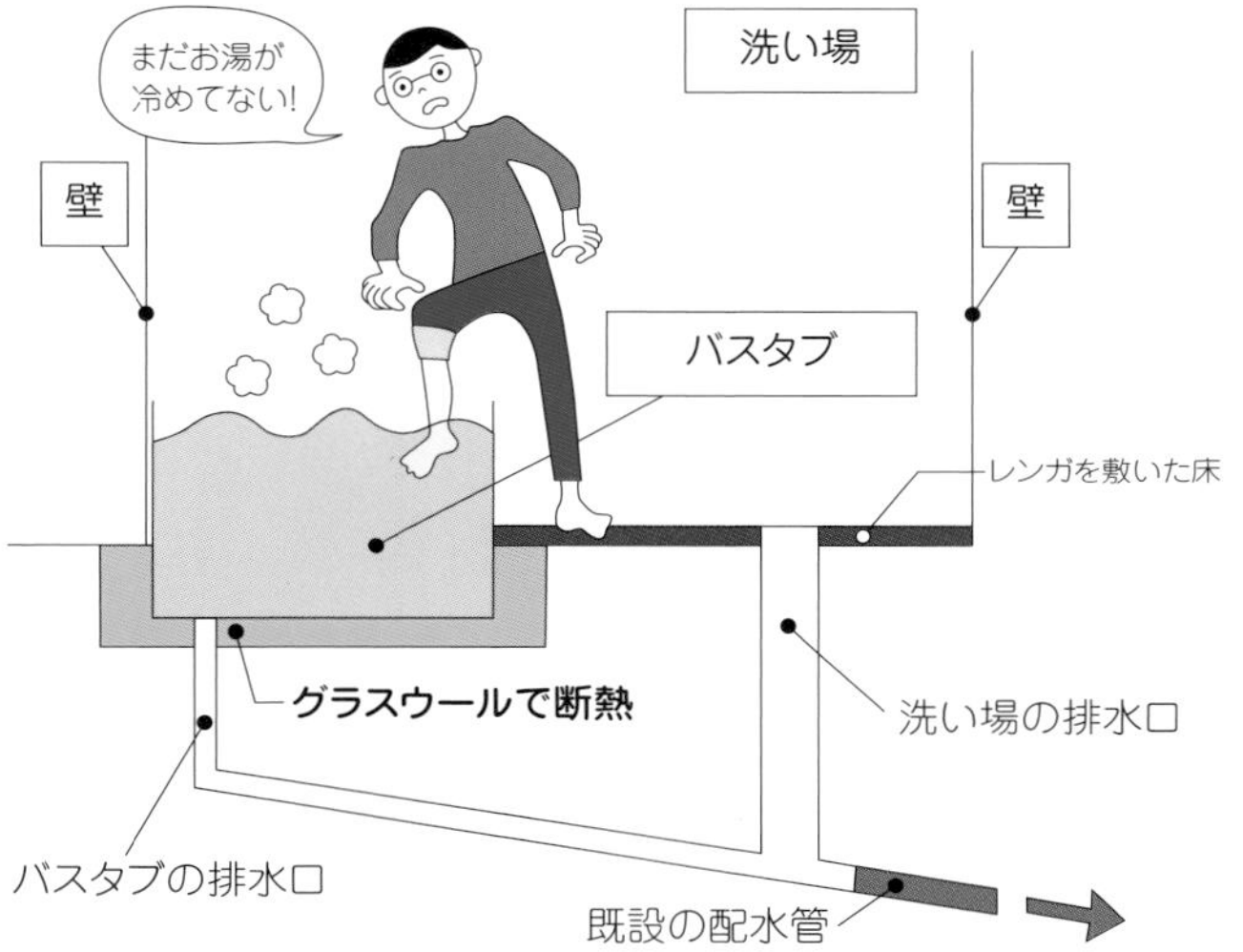

バスタブの設置

ぼくの頭のなかでは、バスタブというものは、床の上に設置してあるものだと思っていました。しかし、実際にはバスタブはけっこうな深さがあり、図のように、床に穴を開けてそこにはめ込むように設置します。

今回もまた家に穴を開けるという、なかなか勇気のいる作業が伴います。でも、家でお風呂に入るためには仕方ありません。「えいやっ!」とドリルで最初の穴を開け、そこからバスタブがすっぽり収まる程度まで穴を広げていきます。

山家さんのアドバイスによると、バスタブが床下から突き出た部分は、屋外に晒されているので、あっという間にお湯が冷めてしまうとのこと。だから、床下から出た部分は、断熱材のグラスウールでしっかり囲う必要があります。浴室の床下に潜って頭をぶつけながら、断熱作業も同時に行ないました。

浴室の床作り

プレハブの床は、木の板です。このままで水を流して

バスタブの設置

1 最初の穴を開けたところ。地面が見える

2 バスタブがちょうどはまるように穴を広げる

3 バスタブがうまく収まった！

4 床下から出た部分をグラスウールと木枠で囲った

5 浴室内のバスタブの周囲もグラスウールで囲う

浴室の床作り

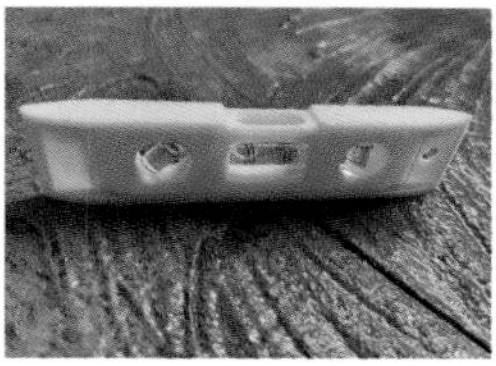

1 水準器（100円ショップで買った）で水平を確認しながら、レンガとモルタルで排水口に向かって微妙な傾斜をつけた

2 排水口が一番低くなるように施工する

3 目地の端の部分は角が取れたカラフルな小石で装飾した

4 排水テスト。問題なさそうだ

排気用の煙突を給湯器に接続し、煙突は壁に穴を開けて外に出す

給湯器の接続部分。水を供給する給水管をつなぐところ、お湯を出す給湯管をつなぐところ、排気用の煙突を接続する穴

給湯器につながっている配管。これらを全て正確に接続しなければ使えない

しまうと、木の板が濡れて腐ってしまいます。そこで、浴室の床にはレンガを敷き詰めて、さらにレンガとレンガの継ぎ目の目地は、モルタルでふさぎました。これで床が水に濡れても大丈夫です！

難しかったのは、床の傾斜作りです。普段、あまり意識することはないかも知れませんが、浴室の床は、水がちゃんと排水口に流れるように、排水口が一番低くなっています。ですから、床を作る際は、排水口に向かってわずかに傾斜がつくよう留意しなくてはいけません。

給湯器を設置する

最後の大仕事は、給湯器の設置です。この給湯器という機器は、つながっている配線や配管が想像以上に多く、複雑な構造でした。これらを全て、正確に接続しなければお湯は出ません。ドキドキしながら、給湯器に給水管、給湯管…と接続していきます。

給湯器につながっている配線・配管の種類は以下の通りです。

蛇口（混合栓）を設置する箇所に向かって、お湯と水それぞれの水道管を引いてくる

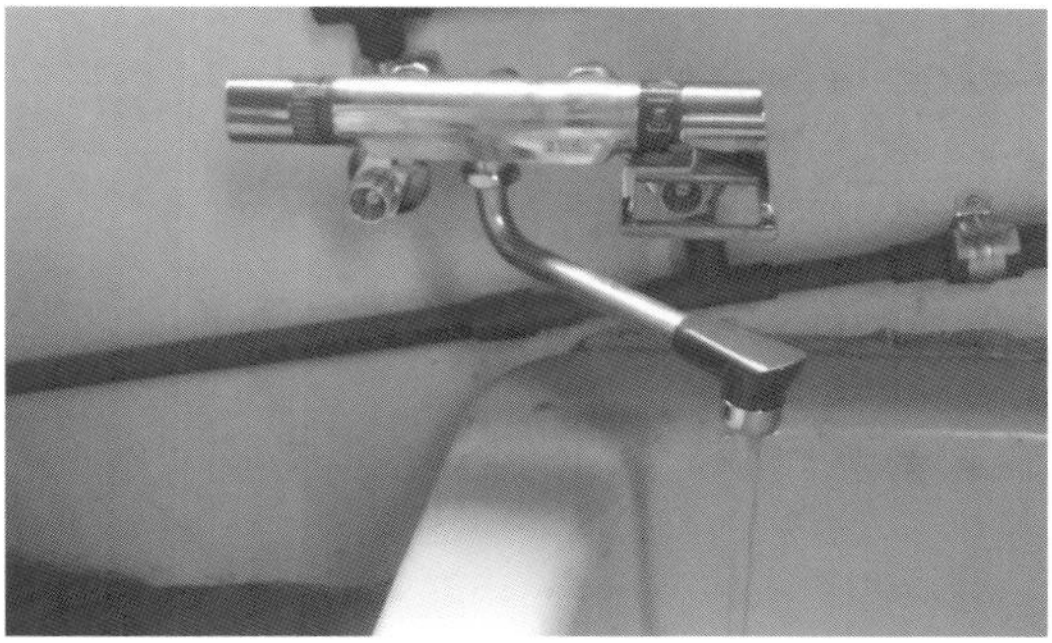

混合栓とシャワーを取り付けた

- 電源コード
- 灯油チューブ　熱源となる灯油を供給する
- 給水管　水を供給する管
- 給湯管　お湯を出す管
- 煙突　排気用
- 減圧弁・逃がし弁　給湯器にかかる水圧を調整する部品

これらの部品を全て、手探りで一つ一つ確実に接続せねばなりません。

バスタブを設置するために床に穴を開けたばかりですが、今度はまた、煙突を外に出すために、壁に穴を開けなければなりません。

水道管の接続は、塩ビパイプを適当な長さに切断し、コネクタに接着剤で接続する、という作業の繰り返しです。万が一、ちゃんと接着されていない箇所があったら即水漏れとなるので気が抜けません。今思い出すだけでもグッタリするほどの大変な作業でした。

そのほかにも、お風呂作りは、混合栓（一つの蛇口から水と湯を混ぜて出すことのできる金具）やシャワーを取り付けたりと、大小様々な作業がありました。

そして、山暮らし開始からおよそ2カ月、だんだんと寒さが強くなってきた10月中旬、ついにお風呂が完成しました！　完成とは言っても、まだ、浴室の壁やドアがない状態ではありましたが、外に出ることなく、家で入れるお風呂は格別です。

家にお風呂があるって最高！

こうして、わが家にも、一般的な家にあって当たり前の風呂とトイレが揃いました。風呂とトイレがない状態から暮らし始めたぼくたちからすれば、それらがあるだけで毎日幸せです。自給自足の生活をするなかで、「幸せ」のハードルがぐっと下がり、これまで見逃してしまっていた日常のささいなことにも気づけるようになってきました。「幸せ体質」になったのだと実感しています。

第5章 家の断熱のお話

断熱施工を手伝ってくれる息子

すでにご紹介した通り、わが家は三つのプレハブがつながってできているのですが、そのうちの一つには断熱がありません。当然、冬はすごく寒いわけですが、ぼくたちもただ我慢していたわけではありません。ここでは、寒さ対策の色々や手探りの断熱施工をご紹介します。

家のなかでテント泊

まずは、もう一度わが家の見取り図をご覧ください(次ページ)。プレハブAとBはくっついていますが、プレハブAは断熱施工がされていません。ですからA側から、外の寒さがそのまま家のなかまで伝わってくる感覚があります。

当然、寒いです。

ここでの山暮らしを始めたのは、２０１８年８月中旬。夏とは言っても、この時期の北海道は案外雨天が多く、季節が秋に向かうなか、明け方はストーブをつけたくなるぐらいの日もあります。しかし、引っ越してきて10日間ぐらい、最初は電気も引いていなかったので、ストーブも使えません。

寒さをしのぐため、ぼくたちは、家のなかにテントを張って、そこで寝ることにしました。

人間は、生きているだけで熱を発生しています。その熱は、一人あたり１００Ｗ（ワット）程度と言われてい

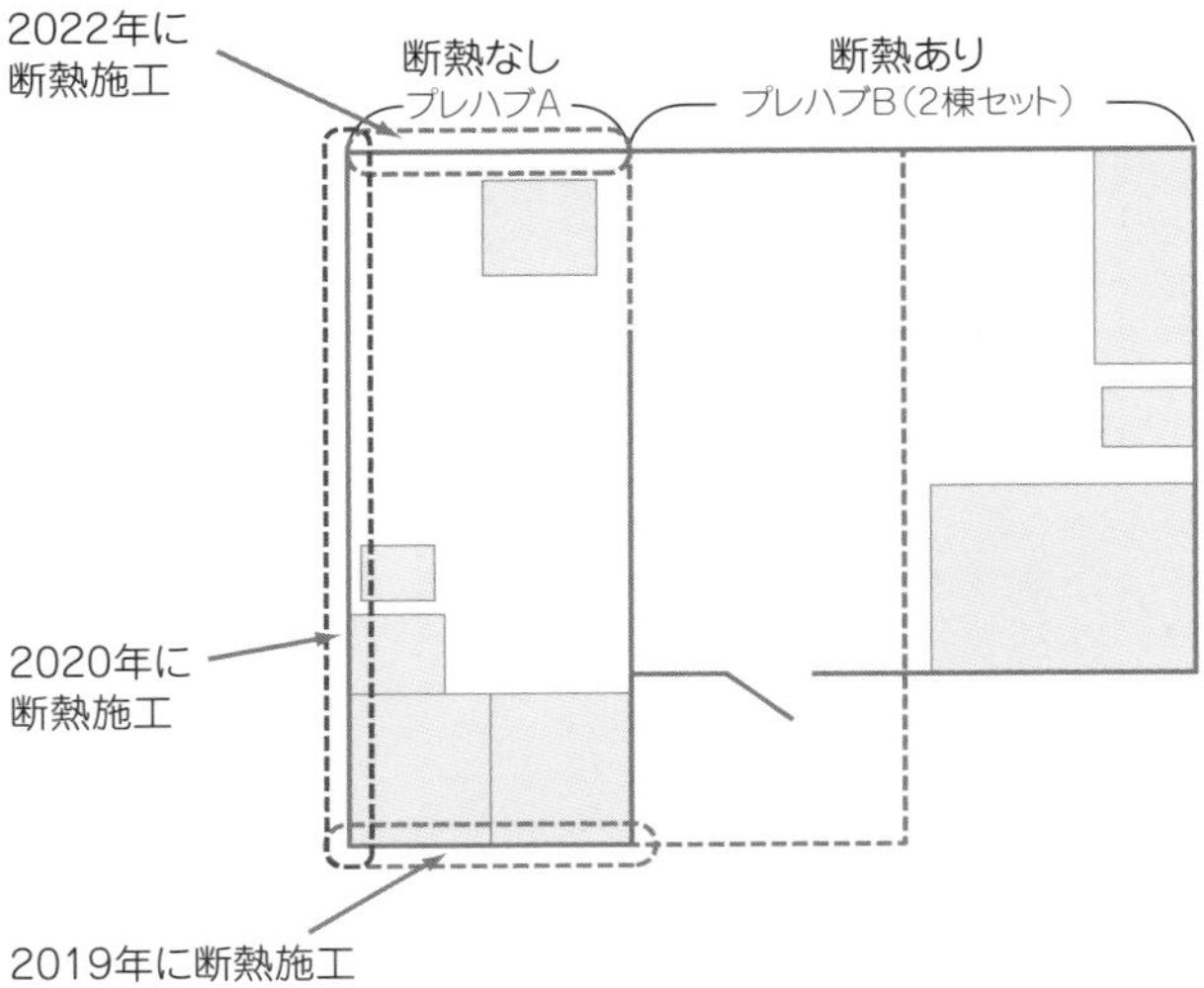

プレハブAの断熱。もともと断熱施工されていなかったため、
2019年から断熱施工に取りかかった

たまたま持っていたテントは4人がちょうど並んで寝ることができるぐらいのサイズ

ます。例えば、ぼくの家族は４人ですから、テントのなかに４人いると、単純に計算して４００W程度の熱源になります。小さな電気ヒーター１台分程度の消費電力に匹敵するということです。ですから、小さなテントのなかでは、わりと暖かく過ごせます。

「これ、けっこういいね～。囲われてる安心感があるし、毎日キャンプみたい」

と、しばらくは、「テントinハウス」を楽しんでいました。

でもやはり、10月、11月と、季節が進むにつれて、寒い日が増えていきました。

室内も氷点下

２０１８年、人生で初めて断熱のない家で迎える北海道の冬です。

これから襲ってくるであろう寒さに、かなりビビっていました。それでも、灯油ストーブと薪ストーブが使えるようになり、二つのストーブをつけると、普通に暖かく過ごせたので、意外に大丈夫かも、と思っていました。

しかし、問題は、ストーブを消した時です。夜寝ている間や、日中、家を空けていると、断熱がないことによる影響がてきめんに現れてきます。家のなかが、急速に寒くなってしまうのです。

第１章でもお話ししましたが、11月下旬、なんと室内に置いてあった全自動洗濯機が、氷点下になった影響で壊れてしまいました。

「11月で、室内が氷点下に…。このままでは真冬は、いったいどうなってしまうのか」

と心配しましたが、一方で、ぼくには早く試したい秘策がありました。

秘策・雪断熱

12月上旬、とうとう雪が降り、積もり始めました。実は、ぼくはこの雪を待ちわびていました。以前、こんな話を聞いていたのです。

「雪が降るとあったかくなる」
「カマクラのなかはあったかい」
「雪には断熱効果がある」

12月上旬、雪が積もり始めた

雪断熱のやり方

1 1月上旬。雪がまだ少ない

2 2月。雪が多くなってきた。このくらい雪があると断熱効果が高い

3 室内側から見たようす

4 春になって解けた雪の断熱

「昔の雪国の人は、家の壁に雪を寄せて家をあったかくしていた」

それで、自分も雪が降ったら、どんどん壁に雪を寄せていき、断熱実験をしてみようと思ったのです。

雪が降るたびに、

「やったー！　今日も空から断熱材が降ってきたー」

と、外に出て、せっせと家の壁に雪を積み上げました。

すると、家族みんながその効果に気づいたようです。

「なんかさ、11月よりも家のなか、あったかくない!?」

と言うのです。

寒さに慣れたせいもあるかも知れませんが、それを差し引いても、以前ほど冷え込む感じはありません。雪の断熱効果で、外からの寒さが家のなかにダイレクトに伝わりにくくなったのです。ぼくはこの効果を「雪断熱」と呼んでいます。

冬の間、お客さんが来た時も、皆さん、
「思ってたよりも、全然あったかいんだねぇ」
と言っていました。

プレハブの壁を断熱する

「雪断熱」はある程度功を奏しているとは言え、十分ではありません。なぜならば、壁全面を雪で覆えるほどの十分な降雪があるのは、２月の１カ月間程度だからです。

断熱前のトイレ・風呂側の外壁

２０１８年、初めての冬をどうにか乗り切ったものの、毎年この寒さではキツイ、何とかしたいと思いました。

そこで、翌年の２０１９年には、壁の外側に「スタイロフォーム」（発泡スチロールのような断熱材）を貼り付ければいいのではないかと思いつき、断熱施工にチャレンジしました。

この発想で、２０１９年はまず、特に寒いと感じていたお風呂とトイレ側の壁のみを断熱施工しました。

そして迎えたその年の冬、目論み通り、トイレ・風呂側の壁からの寒さが、前年よりも幾分か弱まりました。

そこでさらに翌年の２０２０年には、他の壁面も同様に断熱施工すると、さらに家の断熱効果が高まりました。温度計で測ったわけではありませんが、実際に住んでいるぼくらの体感では、明らかに家のなかが暖かくなっていきました。

断熱窓を自作

さてさて、この断熱構造がないプレハブAですが、もう一つ、致命的な弱点がありました。それは、窓が一重窓だったということです。

普通、北海道の家は寒さ対策のため、二重窓（二重

外壁の断熱施工のようす

5 他の壁面も同様に断熱施工した

1 外壁にスタイロフォームを貼り、さらにその上から板を鱗のように打ち付けていく

6 仕上げにペンキを塗った

2 板を貼り終えたところ

3 板のすき間に発泡ウレタンスプレーを吹き付けたところ

4 断熱施工に欠かせない発泡ウレタンスプレー

サッシ）になっています。壁を断熱施工しても、窓からは、やはり寒さが伝わってきます。

どうしたものかと思案していたある日、ホームセンターに行くと、「ＤＩＹ断熱窓コーナー」なる売り場を発見しました。これだ！　と思い、今度は窓の断熱施工に挑戦することにしました。

今回のプランは、断熱効果のある「プラダン」（プラスチックダンボール）と呼ばれる軽くて丈夫で透明な板を、新たに設置するというものです。

プラダンを窓のように動かすために、もとからある窓の内側に、さらにもう一つ、窓枠（これも断熱窓コーナーに売ってました）を設置し、窓の大きさに切ったプラダンをはめ込む必要があります。

さらに苦労したのは、大きな窓を、スムーズに水平にスライドするよう施工することでした。これは意外と精密な作業が要求されましたが、何とか全ての窓に、プラダンの断熱窓が取り付けられました。

二重窓を自作するようす

1 窓は一重窓

2 窓の内側に、さらに窓枠を設置する

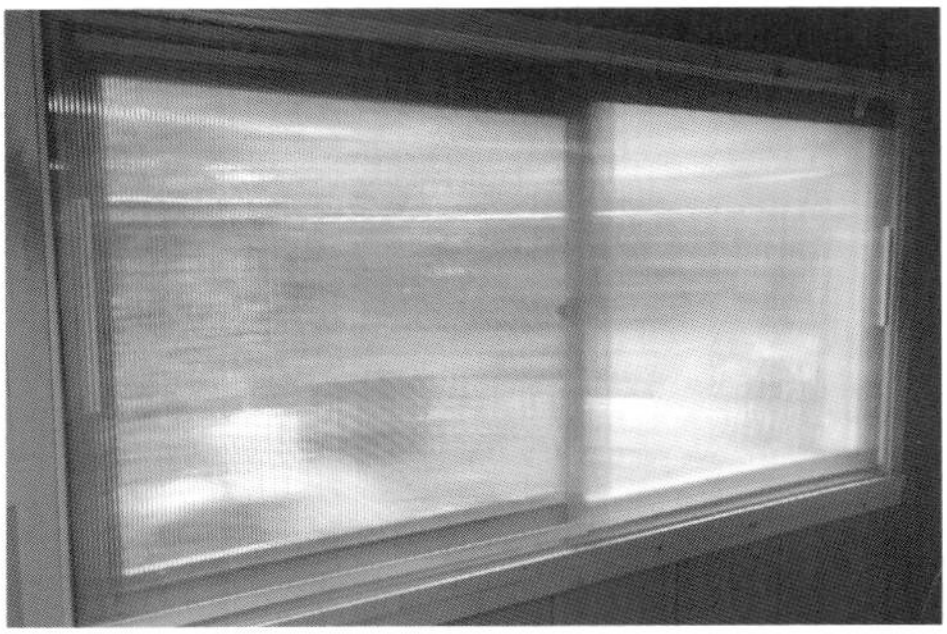

3 プラダンをはめたようす

家が毎年少しずつ暖かくなっていく

そして迎えた二重断熱窓のある冬――。

感動しました！

常に結露していたプレハブAの窓でしたが、施工後、結露しているのは、外側にある窓だけ。内側にある手作りの窓は、結露せず、触ってもヒンヤリしません。当然、家のなかは過去最高に暖かく、4年間かけて少しずつ断熱対策を施したわが家は、冬の寒さがほぼ問題ないレベルになりました。

山暮らし開始当初は、断熱のない家で北海道の冬を乗り切っただけでも達成感がありました。しかし、そこから少しずつ自分たちで家に断熱施工をして、寒さ対策をやり切った経験は、それとは別の達成感を感じることができました。

冬は、暖かく過ごせているだけで、幸せですね。

第2部

エネルギーと水を自給する

第6章 わが家の電力自給

わが家では、太陽光発電で電気を自給したり、冷蔵庫や電子レンジを使わないなど、電気の利用に関してもちょっと変わった暮らしをしています。この章では、わが家の電気事情についてご紹介します。

タイで見た自作の水供給システム

2013年、家族で訪れたタイのパーマカルチャー・ファームで、ぼくは初めて、太陽光発電をオフグリッドで使っているのを見ました。

オフグリッドとは、電力会社の電線とは完全に切り離されていて、電力を自給自足している状態のこと。このファームは山奥にあり、水道も電気も通っていませんでしたが、自作の水供給システムがあったのです。

システムと言っても非常にシンプルです。井戸の屋根の上に太陽光パネルが設置され、パネルで作られた電力は屋根裏のバッテリーに蓄えられます。蓄えた電気で井戸のポンプを動かし、50mほど離れたキッチンに水を補給するという仕組みです。

キッチンで実際に水を使わせてもらいましたが、水圧が特に弱いことはなく、蛇口もあるため、そこだけ見れば村に水道が通っていないとはわからないと思います。

こんなに簡単な方法で水供給システムが作れること、必要な太陽光パネルやポンプが思ったよりも小さくて済

自宅の屋根に取り付けた100Wの太陽光パネル。大きさは幅54cm×長さ121cmと小型

タイで見た水供給システム。太陽光パネルの電気で井戸のポンプが動く

最初に買った太陽光パネル。コンパクトだがスマホの充電くらいはできる

むこと、そして何よりそれを実際に使って暮らしていることに感動してしまいました。

　日本に帰ってからもしばらくはその興奮が冷めやらず、自分も太陽光発電をやってみたいと思いました。しかし当時のアパート暮らしでは、屋根の上に太陽光パネルを設置することなどできません。

スタートは小型太陽光発電

　そもそも太陽光発電と言えば、普通は一軒家の屋根の上に設置するもので、初期費用がとても高いというイメージがありますよね。ぼくもそうでした。しかし調べてみると、オフグリッド太陽光発電はかなり小規模から始められることがわかりました。

　ぼくが最初に購入したのはＡ４サイズの小さなソーラーパネルです。２万円ほどで購入できて、アパート暮らしでも、手軽にすぐ使うことができます。最大出力は７Ｗと小さいのですが、パネルの裏面で単３電池４本を充電することができます。また、ＵＳＢケーブルをつなげられるので、ソーラー発電の電気を単３電池に貯めて、携帯電話などの充電ができます。

　さっそく自分の携帯電話を充電してみると「今、通話できるのは、太陽のエネルギーのおかげだ！」と、誇らしい気分になりました。

100Wのオフグリッド太陽光システム

その後、もっと大きな発電をしてみたいと思い、100Wのオフグリッド太陽光システム（①ソーラーパネル、②専用バッテリー、③充電コントローラー、④インバーター）を6万5000円で購入し、当時住んでいたアパートのベランダに設置しました。5Wの小さな照明はもちろん、スマホやパソコンの充電、キッチンの照明などに使うことができました。ほかにも、テレビや扇風機なども動かせます。

現在は、おもに100Wのソーラーパネルと、新たに購入した「ポータブル電源」を組み合わせて使っています。オフグリッド太陽光システムの概要と、新しく導入したポータブル電源については、第7章で詳しくお話しします。

ゲーム感覚で電気代を減らす

ただし、太陽光発電で浮く電気代は大したことはありません。頑張っても、月々3000円程度でしょう。それよりも、ソーラーシステム導入の一番のメリットは、家で使う電気を強く意識するようになったことです。わが家は月々どれくらいの電気を使っているのかを、よく考えるようになりました。そして、ゲーム感覚で電気代を減らしていく実験を始めました。

電気の契約アンペア（A）を、20A→15A→10Aと段階的に減らし、ドライヤー、炊飯器、電子レンジ、オーブンを手放していきました。これにより、オール電化時

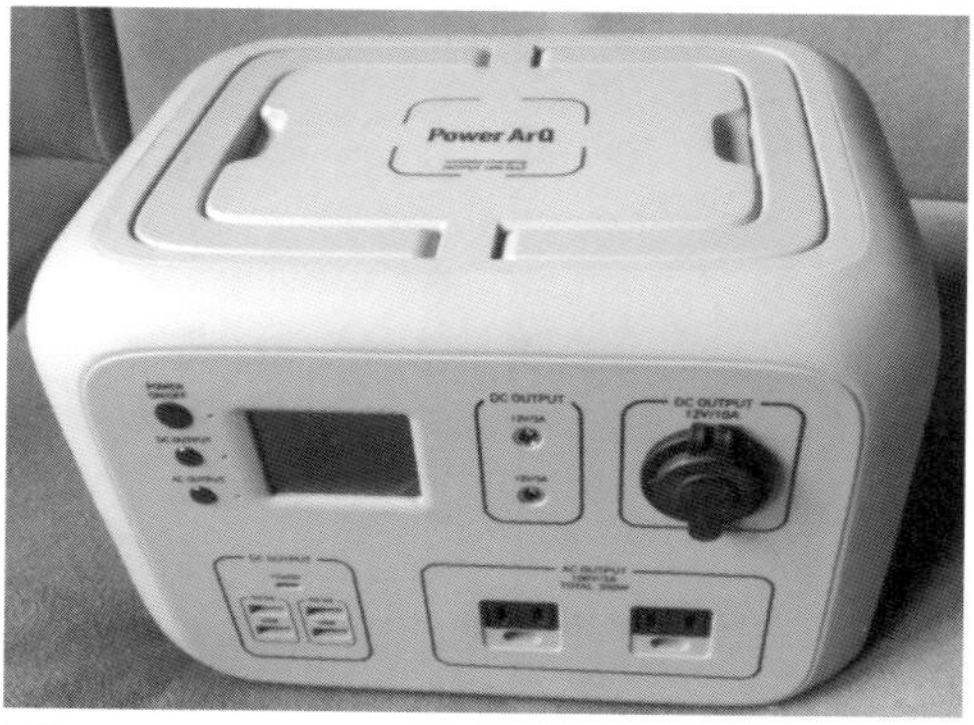

新たに購入したポータブル電源（PowerArQ2）。太陽光発電はこれとソーラーパネルがあればすぐ始められる

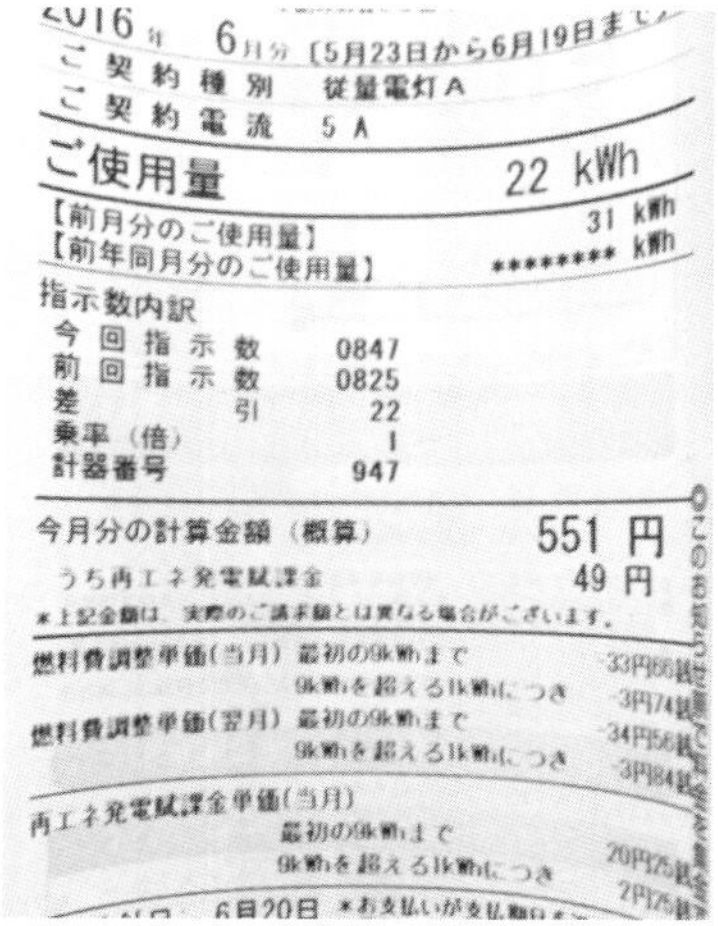

電気代が１カ月で551円だった月もある

タイのパーマカルチャー・ファームでの野菜の保存。直射日光の当たらない風通しのいいところなら、３日はもつ

代に月８０００円かかっていた電気代は、１０００円台にまで下がりました。

でも、冷蔵庫を手放すことにはかなりのハードルを感じていました。そんな時に冷蔵庫なし生活を送る人と話す機会があり、「冷蔵庫をやめて冷凍庫だけを使ったらいいよ」とアドバイスをいただきました。冷凍庫があれば肉・魚の冷凍保存ができるうえ、発泡スチロールの箱に中身を凍らせたペットボトルを入れておけば冷蔵庫代わりになるというのです。

冷蔵庫を捨てるために冷凍庫を買うという若干の矛盾を感じながらも、冷蔵庫を手放すことができました。

冷凍庫も手放し、電気代は月５００円台！

２０１５年には、タイのパーマカルチャー・ファームに家族４人で２カ月間滞在しました。ここでは、もちろん冷蔵庫も冷凍庫も使いません。電気を使わない自然のなかでの暮らしは、日々、驚きに満ちていました。

なかでも驚いたことの一つは、健康のために食べるべきだと思っていた肉や魚を全く食べない暮らしをしていたことでした。その暮らしを続けたぼくたち家族に健康上の悪影響は全くなく、むしろ体調がよくなったくらいです。肉とか魚って、別に食べなくても生きていけるんじゃない？　そんなことを実感して帰国。家に帰ってきて、冷凍庫を見て妻と話しました。「これ、もういらないよね」。

契約アンペアを10Aから5Aに減らすと、電気代は1000円を切るようになり、最も電気を使わない時は500円台にまで下がりました。（ちなみにこれは、山暮らしをする前の2016年、4人家族のアパート住まいの時のお話です）

妻から見た電化製品の少ない暮らし

このような話をしていると、必ずと言っていいほど聞かれるのが、「その暮らし、奥さんは大丈夫なんですか？」という質問です。そこで、改めて妻に聞きました。

妻も、2011年の原発事故をきっかけに、暮らしについて考えるようになりました。特に、「自分の暮らしを支えているエネルギー、水、食料、衣服などがどのように作られ、届いているのかについて、ほとんど知らなかった」と。タイのパーマカルチャー・ファームに行った時には、「暮らしに必要な物が全部、身近なところで手に入る！」と、妻もぼくと同様に感動していました。

タイのパーマカルチャー・ファームで調理中の妻・沙恵

ですから彼女も、電化製品の少なくなった今の暮らしをこんな風に楽しんでいます。

- **冷蔵庫なし**　食べ物がムダにならなくなった。冷蔵庫があると、とりあえず冷蔵庫に入れて安心し、その存在を忘れて腐らせてしまうこともあった。今は、タイでの暮らしと同じように、作ったおかずはその時か次の食事で食べ切ってしまうので、食べ物をムダにしてしまうストレスから解放された。

- **テレビなし**　家族との会話が増えた。子どもたちがテレビばかり見て困るということもない。
- **炊飯器なし**　圧力鍋を使って炊飯。鍋炊きって、なぜか炊飯器より美味しい。
- **電子レンジ・オーブンなし**　冷えた食べ物は鍋などで温められるからそれで十分。油と砂糖の入った洋菓子を食べることもほとんどなくなった。
- **ドライヤーなし**　タオルで拭いて、あとは自然乾燥で問題ない。

ちょっと（だいぶ？）変わった暮らしですが、ぼくたちは、不便さよりも、少ないモノやエネルギーで暮らせる快適さのようなものを感じて、日々過ごしています。

第7章 オフグリッド太陽光システム

屋根に取り付けた太陽光パネル（100W）。小型だが、2018年の地震による停電時に大活躍した

この章では、前章の続きで「オフグリッド太陽光システム」について紹介します。これが2018年に北海道で発生した国内初のブラックアウト（管轄地域の全域停電）時に大活躍することになりました。

オフグリッド太陽光システムの仕組み

最初に、オフグリッド太陽光システムについて紹介しましょう。簡単に言うと、太陽光発電によって電力を自給自足できる装置のことです。

このシステムは、①ソーラーパネル、②バッテリー、③コントローラー、④インバーター、の4つの機器で構成されます。それぞれの役割は、以下の通りです。

①**ソーラーパネル**　太陽の光のエネルギーを、電気に変換する。

②**バッテリー**　ソーラーパネルで作り出した電気を、貯めておく。

③**コントローラー**　太陽光パネルからバッテリーへの充電を、安全かつ効率的に行なう。

④**インバーター**　バッテリーに貯まった電気を使うための、コンセント部分。ここにプラグを差し込むと、電化製品が使える。

この太陽光システムの機器一式は、2013年に購入しました。しかし、その後ポータブル電源を導入したため、このシステムは、現在は使っていません。

便利なポータブル電源

その代わり、100Wのソーラーパネル1枚（2013年に購入したもの）と、2021年に新たに購入したポータブル電源（6万円程度）を組み合わせて使っています。ソーラーパネルで発電した電力は、ポータブル電源に充電されます。

このポータブル電源は、前述した、②バッテリー、③コントローラー、④インバーター、の三つの機能を1台に内蔵したものです。つまり、①のソーラーパネルをこ

オフグリッド太陽光システムの概念図

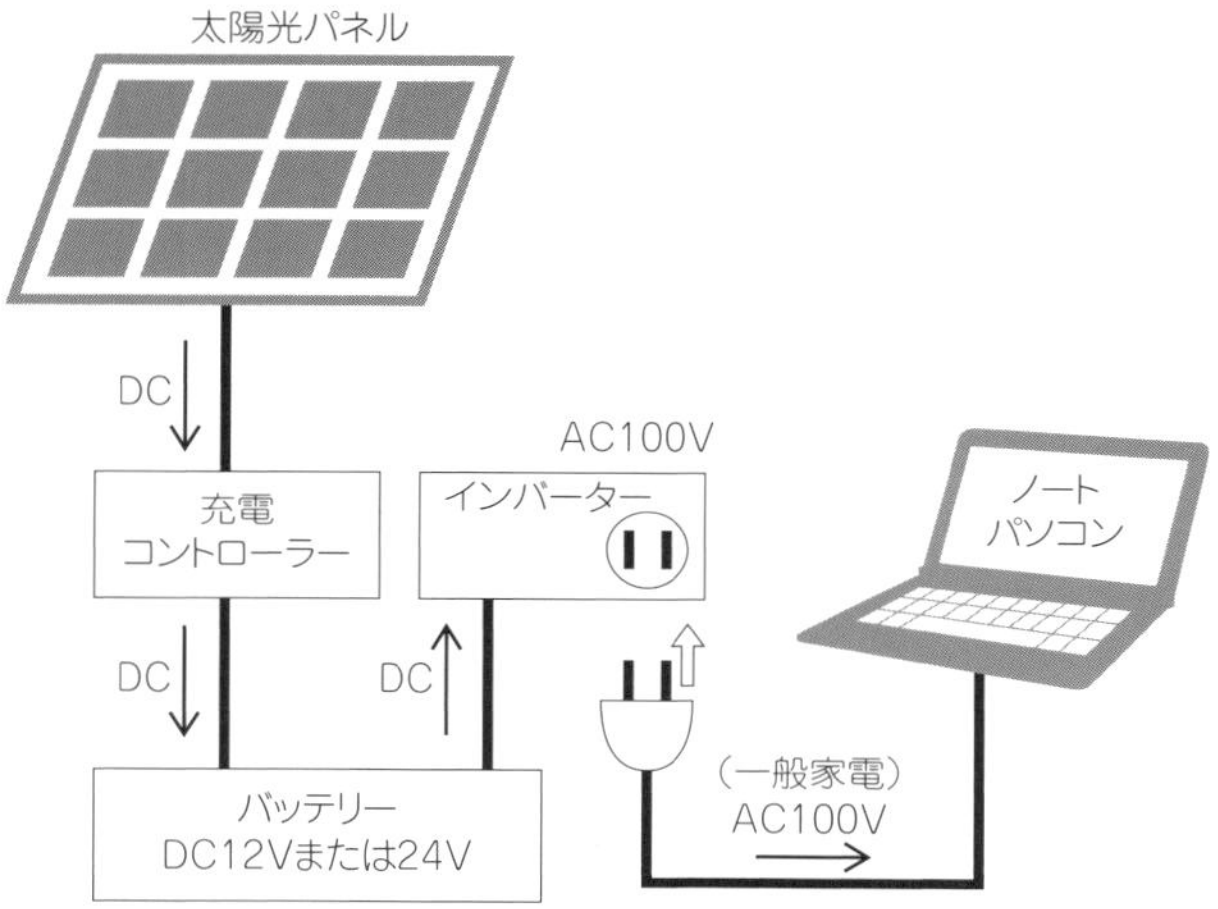

太陽光パネルの電力は充電コントローラーを通してバッテリーに貯められ、インバーターによって直流（DC）12V(ボルト）もしくは24Vが交流（AC）100V に変換されて、一般の家電に送られる

オフグリッド太陽光システムの機器一式

ポータブル電源

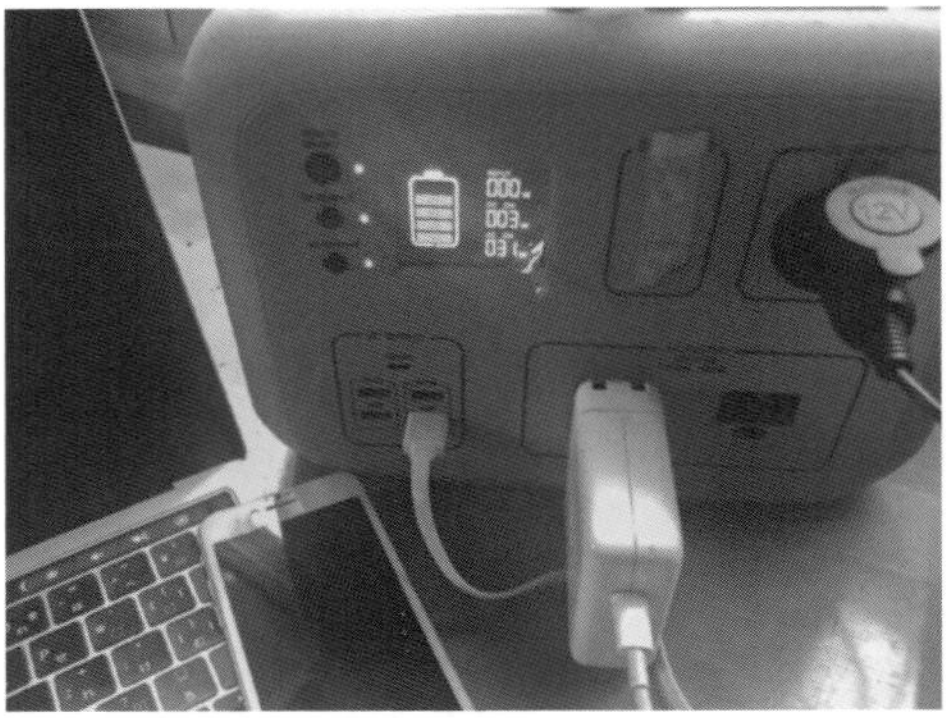

太陽光パネルの電気を蓄えるポータブル電源（PowerArQ2）。出力300W、蓄電量500Wh(ワットアワー)、コンセントやUSBケーブルにつないで、パソコンやスマートフォンを充電する。ちなみにこのポータブル電源は、家庭のコンセントからも充電可能。500Whの蓄電能力で、テレビやパソコンなど100Wの消費電力の機器を約5時間動かせる

ポータブル電源では使えない家電（一例）

- 掃除機（1000W程度）
- ドライヤー（1200W程度）
- 電子レンジ（600W以上）
- 炊飯器（300W以上）
- 冷蔵庫（100 ～ 300W程度） など

＊カッコ内は一般的な消費電力。冷蔵庫については、1日の消費電力量が、1000Wh程度となるため、ポータブル電源の蓄電能力の500Wh以上の電力量を消費するため使用できない。電力量（Wh、ワットアワー）は、電力（W、ワット）と時間（h、アワー）の掛け算

のポータブル電源に接続するだけで、オフグリッド太陽光システムが即時に完成するのです。

前述した４つの機器を接続するには、電気の知識が多少必要で、一般の人が使うにはなかなかハードルが高いですが、ポータブル電源にはコンセントやＵＳＢポートがついているので、通常の電気を使うのと変わらない感覚で、太陽のエネルギーを使うことができます。

このポータブル電源の登場により、以前よりもオフグリッド太陽光システムは身近なものになったと思います。近頃では、家電量販店で、このソーラーパネルとポータブル電源がセットで販売されているのを見かけるようになりました。

北海道胆振東部地震の大停電

２０１８年９月６日、北海道胆振東部地震が発生。この地震をきっかけに、北海道全域の大停電（いわゆるブラックアウト）が発生しました。

ぼくたちが山暮らしを始めたのは2018年8月15日。震災が発生したのは引っ越してから1カ月もたっていませんでした。

実は、引っ越ししてきた時点では、わが家には電気は引かれていませんでした。8月26日、延長コードをつなぎまくって電気を家に引き込み、ようやく部屋の照明がつくようになりました。

しかし、それも束の間、9月6日に地震による道内全域の停電が発生したのです。

その時のぼくらの心境は、「あーあ、また10日前に戻っちゃったね。しょうがないね」という感じでした。

街中が停電しているわけですから、さすがに24時間営業のコンビニも、この時ばかりは閉まっていました。ガソリンも少なかったので給油したかったのですが、「燃料切れました。」の看板…。

わが家では オフグリッド太陽光システムが大活躍

というわけで、街に出ても何もないので、家にいるし

延長コードを引き込むまではこの照明一つで過ごした

コンビニも閉まっていた

ガソリンスタンドには「燃料切れました。」と手書きの看板

かありません。そんな状況でしたが、「まずは電気を使いたいよね」と、引っ越し以来、奥にしまい込んでいたオフグリッド太陽光システムを引っ張り出してきました。

当時、ぼくはブログを毎日更新していたのですが、このシステムのおかげで、大停電の真っ只中でも照明やスマホ、パソコンなどを不自由なく使うことができました。

さすがに、冷蔵庫などの大型家電の電力は賄えませんが、第6章でご紹介した通り、わが家にはそもそも冷蔵庫がないので、食べ物が腐ってしまうなどの心配はありませんでした。

ところで、道内全域が停電しているなか、ぼくたちが取り組んでいたのはお風呂作り（第4章）でした。その頃のぼくたちにとっては、停電よりも、家にお風呂がないことのほうが困っていたのです。

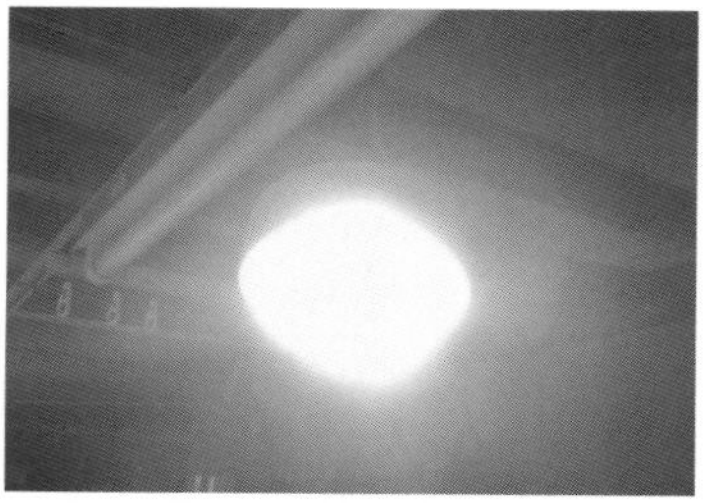

オフグリッド太陽光システムで不自由なく使えた照明

停電中、同じく太陽光発電で居間の電気を賄っている山家さん夫妻から夕食をお誘いいただいた

人が集えるという幸せ

停電中、ありがたいことに、同じく太陽光発電で居間の電気を賄なっている近所の山家さんご夫妻から、夕食のお誘いをいただきました。

こういう心細い時に、人が集えるというのは本当に幸せだなぁと、ひしひしと感じました。

電気はもちろん大事ですが、一番安心感を得られるのは、家族と、そして山家さんという、人のエネルギーでした。太陽光発電と、山家さんの優しさに助けられた北海道大停電の2日間でした。

第8章 水を自給する

自作した井戸に手押しポンプを取り付けた

前章までは、電気の自給について紹介しました。この章では、電気と同じくライフラインとして欠かせない水について紹介していきます。

水を自給するには？

2018年8月から始まった現在の山暮らしですが、ここに移住してくる前は、普通のアパートに住んでいました。アパート住まいとは言っても、当時から「パーマカルチャー研究所」という屋号を掲げて、自給自足的な暮らしを追求していました。

具体的には、2015年に、自宅近くに100坪の土地（原野）を購入し、そこで「ライフラインを手作りして住んでみる」という実験をしていました。

ぼくはこの土地に小屋を建て、「オフグリッド生活実験フィールド」と名付けて、色々実験していました。太陽光発電を設置して電気を使えるようにし、トイレも手作り（モバイルエコトイレ）、薪ストーブも設置しました。

と、ここまでは順調だったのですが…。

自然から「水を得る」というのは、本当に大変でした。水を得る方法として、当時考えたのは、

①雨水を集める。
②川から水を引いてくる。

③井戸を掘る。
の三つです。

このうち、①の雨水は、生活に必要な量、1日100ℓ程度の水を集めるのは大変そう。②の川から引く方法は…そもそも近くに川がない。そこで、③の「井戸を掘る」に挑戦してみました。

井戸掘りなど全く未経験です。本で井戸の掘り方を調べながら、試行錯誤の末、3カ月ほどでようやく水を出すことに成功しました。

オフグリッド生活実験フィールドに自作した小屋

井戸掘り

井戸掘りの参考にしたのは、曽我部正美さんのやり方でした。曽我部式の井戸掘り器は、どこのホームセンターでも売っている塩ビ製のパイプを使って作ります。最初は、本当にこんな方法で井戸が掘れるのかと半信半疑でした。

でも、実際にやってみると、手のひらにひと握りというごく少量ずつですが、本当に地中の土砂を取り出すことができました。土砂と一緒に取り出した泥水はヒンヤリと冷たく、「地下水の温度は年中一定」という頭だけの知識が、初めて体感として理解できた感動もありました。

初めての作業で色々と苦労しながらも、本のおかげで、3・5mほどまでは順調に掘り進むことができました。でも、その後は徐々にようすが変わっていきます。だんだんと穴の底が硬くなり、井戸掘り器を入れても土が取れなくなってきました。

そこで、穴底の土を軟らかくするために、棒の先端にシャベルを付けて突っついたのですが、無理な力がかかってシャベルが折れ、穴底の水に沈んでしまいました。

そんな状況で試みたのが、本に載っていたもう一つの方法、自動車の排ガスを利用した掘削です。

井戸掘り器は持ち手の部分も塩ビ管を使っていますから、ここに排ガスを吹き込めばガスは穴底まで到達します。井戸掘り器と車のマフラーも塩ビ管でつなぎ、排ガスを穴底の水に噴き出すと、底の土が軟らかくなると同時に土砂が水中に巻き上がるというのです。排ガス掘りに使う井戸掘り器は、この巻き上がった土砂をうまくキャッチできる構造になっています。実際にやってみると、難しい部分はほとんどありませんでした。

車のエンジンをかけ、ギアはパーキングに入れたままでアクセルをふかします。大きなエンジン音とともに、排ガスで巻き上げられた大量の水しぶきが、井戸から噴水のように上がりました。井戸掘り器を引き上げてみると、それまでに取れたことがないほど大量の砂！　大興奮の作業が続きました。

この時使った車は普通の軽自動車ですが、電気自動車でもない限り、軽トラでもマニュアル車でも、どんな車でもできると思います。

穴の深さが５・３ｍ、湧き出す水の水位が２・３ｍとなったところで手押しポンプをつけてみたところ、水が出てきました。井戸の完成です。実質のかかった作業日数は30日、ポンプや井戸掘り器の材料などにかかったお金は３万７０００円ほどでした。

ぜいたくなドラム缶風呂

残念ながら、出てきた水はカナケ（金属のにおい）がとても強くて、飲むことはできませんでしたが、手洗い、火の始末や畑作業に使う分には十分でした。

そして一番の思い出は、この水で当時８歳と４歳の子どもたちと一緒にドラム缶風呂に入ったことでした。手作りの井戸から得た水を、手作りしたドラム缶風呂に入れ、薪で沸かしたお風呂に入る。何ともぜいたくな経験ができたことが一番の収穫だったかもしれません。

感動の伏流水

現在、ぼくらが住んでいるこの「エコロジー村」（ぼくたちはこう呼んでいます）では、生活用水に山の伏流水（地下水）を使っています。

今から20年以上前、伏流水を水源とした水道を作ったのが、土木工事のプロである山家さんです。

伏流水ですから、水道代はかかりません。この水

井戸掘りのようす

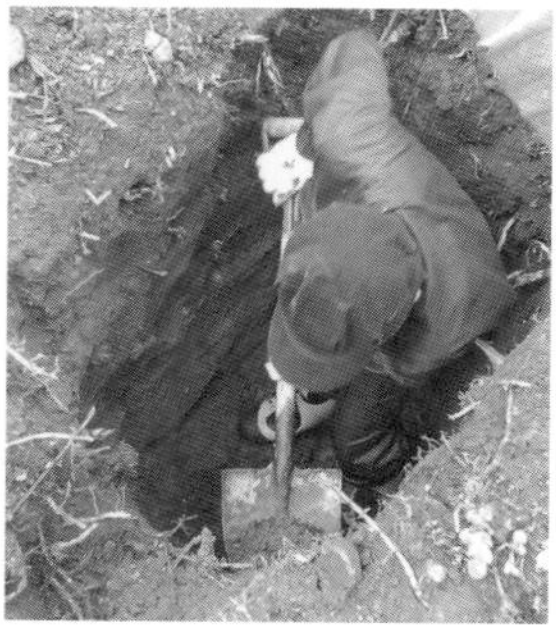

1 掘れるところまでスコップで手掘り。ぼくの場合は2m

2 掘った穴に水を入れ、長い棒で底を突ついて軟らかくする

3 手作り井戸掘り器を上下させて底を突き、取り込んだ土砂を引き上げる（片手にひと握りほどの土砂が取れる）

4 **2**と**3**を20回ほど繰り返し、穴底にある程度スペースができたら、井戸枠用の75mm径の塩ビ管を押し込む

5 井戸枠内で、再び**2**と**3**を繰り返し、井戸枠を下に押し込んでいく

井戸掘りの参考にした本は、曽我部正美著『自分で出来る打ち抜き井戸の掘り方』（KN企画）。

排ガス掘りのしくみ

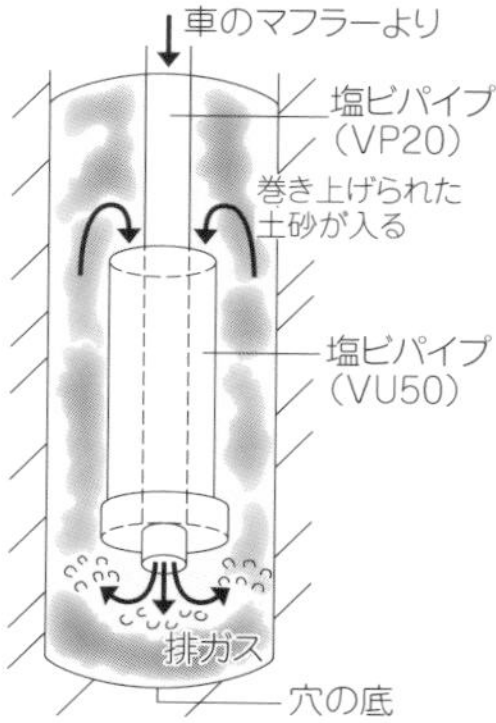

排ガス掘り用の井戸掘り器にたっぷりたまった砂

万一、排ガスが車内に逆流した場合に備えて作業時は車の窓を開け、掘削時以外はエンジンを確実に切ること。

は、季節によって水量が変動することがなく、20年以上、ずっと安定して使い続けられているそうです。

ぼくたちが、初めて山家さんの家を訪れた時、その自給自足の暮らしぶりを見て感動しましたが、最も感動したものは、この使い放題の水道（伏流水）でした。

普通の人はこの水道を見ても、何とも思わないかも知れませんが、ぼくたちは、井戸を掘って水を得ることの大変さを身にしみてわかっていたので、この自作の水道には驚きました。

そしてこの水が本当に美味しいのです。普通、水道の蛇口から出た水を「そのままゴクゴク飲みたい」、と言う人は今の時代、稀ではないでしょうか。

しかし、この水は違います。ついついたくさん飲んでしまうほど美味しいのです。

ちなみに、自給自足を極める山家さんは、夏はこの伏流水の水温（冷たさ）を利用した手作りエアコンで、冷房しています。

水源地に設置されている集水枡。ここからさらにエコロジー村の各家庭につながる

水道を家のなかに引く以前は、外で炊事をしていた

家のなかに水道があるありがたさ。冷蔵庫のないわが家でビールを冷やす時などは、この水を流しっぱなしにする

水道凍結の恐怖

このように、最高の水環境のなかで暮らしているわが家ですが、一方で苦労もあります。それは、冬期の水道凍結です。

わが家の水道管は、一部が屋外にむき出しになっているので、外の気温が氷点下になるとたちまち凍結してしまいます。ですから、冬は凍結防止のため、常に水を流しっぱなしにする必要があります。しかし、たまに、うっかりして水を止めてしまうことがあるのです。そうすると、真冬ならば1時間ほどで水道管が凍結してしまいます。

「凍結したらお湯で解かせばいいのでは?」いいえ、そんなに簡単なことではありません。凍結したての0℃くらいの氷ならば何とか解けるかも知れませんが、真冬の外気温にさらされた氷点下10℃の氷は、素人のぼくたちではどうすることもできないのです。一度水道管がこのような状態になってしまったら、最低気温がプラスになる3月末までは、水道が使えなくなってしまいます。

そして、12月のある寒い日の夜、ついにやってしまいました。間違えて水を止めてしまったのです。水道管は

深夜に及んだ解氷の作業。もちろん外は氷点下

水道管に布を巻き付けてお湯をかける

たちまち凍結しました。

　時刻は22時。普段なら就寝の時間ですが、ここで寝てしまったが最後、３月までは水が使えなくなってしまいます。即、家族総動員で対処開始です。

　すぐにでも水道管にお湯をかけて解かしたいところですが、肝心の水が出ないのです。家中の暖房器具を集めて、まずは、雪を解かしてお湯を作りました。同時に、水道管にあらゆる布を巻き付けてはお湯をかけていきます。最初に復活したのは外の蛇口でした。

　しかし、家の中へつながる水道管がなかなか復活しません。時刻は24時を回り、とうとう娘と、しばらくおいて息子も力尽きて寝てしまいました。残った妻と２人で必死に復旧作業を続け、ようやく蛇口から一滴の水が——。

「キターッ！　解けてきたよー」

　時刻は、午前３時半になっていました。

　わが家の水道事情、いかがだったでしょうか。時にはこんな大変なことが起こったりしますが、自然の恵みの美味しい水を毎日使えて、とても満足しています。

　水を自由に使えることは決して当たり前ではないことを忘れず、今日も感謝して水を使わせていただきます。

水道管が凍結した翌朝のようす。
必死に巻き付けた布が見える

第9章 暖房を自給する

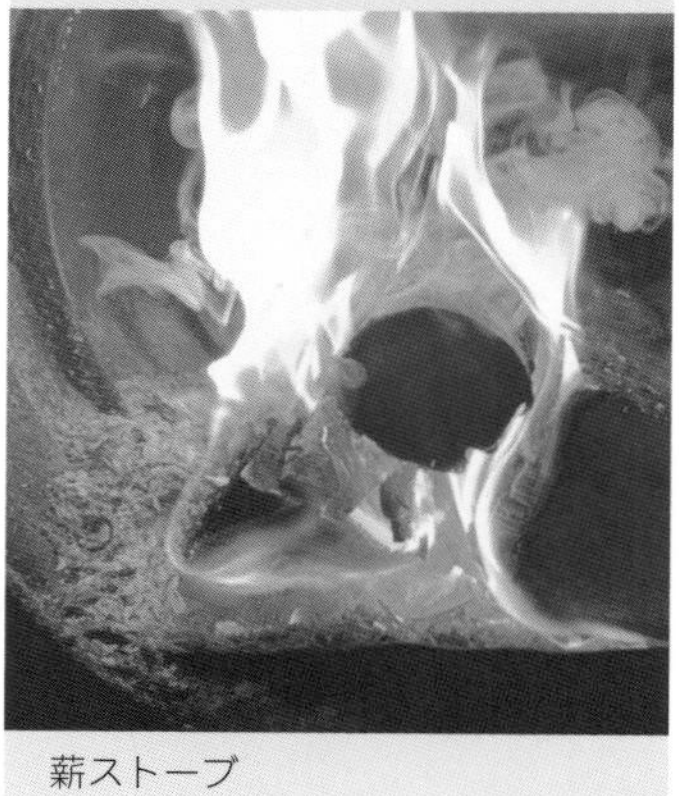

薪ストーブ

北国の暮らしには、冬の暖房は欠かせません。冬になると、わが家では薪ストーブが大活躍します。電力・エネルギーを専門に学んできたぼくにとって、自然が作り出してくれた薪というエネルギーで暖まれることは、このうえない喜びです。この章では、そんなわが家の暖房事情についてご紹介します。

薪ストーブで暖房を自給

薪ストーブと言えば、素敵でぜいたくなイメージをお持ちの方が多いのではないでしょうか。

- 薪という自然が作り出してくれたエネルギーを使える。
- 遠赤外線で室内全体と、身体の芯から暖まる感覚がある（多くの薪ストーブユーザーの体感）。
- パチパチと心地よい音を立てて燃えてくれる。
- ゆらめく炎で癒される。

このように魅力たっぷりの薪ストーブなのですが、「薪を自給する」のは、実は相当にハードな仕事です。

薪ストーブユーザーには実感があると思いますが、薪は意外と高価なのです。そして、毎年その調達に頭を悩ませている人も多いようです。

うちでは、山家さん所有の山の敷地から、毎年30～40本ほど木を切り倒して、春から秋の間に薪の準備をしています。

切り出した「玉切り材」の運搬

薪割り。
薪作りは家族総出の作業

山から木を切り出して薪になるまで

２０１８年にここに移住してからは、毎年、山の木を切って薪作りをしています。今でこそ、作業に慣れましたが、最初の頃は、初めて扱うチェーンソーに四苦八苦していました。

それでは、素敵な薪ストーブライフの裏に隠された苦労（でもけっこう楽しい）のようすをご覧ください――。

①木を切り倒す

まず、立木《たちき》をチェーンソーで切り倒すわけですが、これはけっこうな恐怖感が伴います。そもそもぼくは、林業に関しては素人です。山家さんに教わりながら、見よう見真似で木を切っていきます。

数百kgはありそうな木が、もしも自分側に倒れたら…。

②チェーンソーで玉切り

木は切り倒しただけでは、当然薪にはなりません。その後、枝を切り落とし、薪ストーブに入る長さ（40～50cm程度）に、チェーンソーで切断します。この作業を「玉切《たまぎ》り」と言い、40～50cmごとに切ったものを「玉切

薪ができるまで

1 チェーンソーで木を切り倒す。数百kgはありそう

2 「玉切り」のようす。薪ストーブに入る長さ（40～50cm程度）に切っていく

3 玉切りしたところ

4 八輪車に積んで運ぶ

り材」と呼びます。

木を切り倒した後は、ひたすら玉切りです。

③玉切り材を運ぶ

木を切る森と家とは距離が離れているので、玉切り材は年季の入った「八輪車」という運搬車に積んで運びます。

玉切り材の年輪を数えてみると、なかには樹齢約40年の大きな木もあり、八輪車に載せるだけでもひと苦労です。（推定重量30kg以上）。

④薪割り

運んできた玉切り材を、今度は山家さんの自作したエンジン式薪割り機で割っていきます。この機械、どんなに太い玉切り材でも、一発で割ってくれる、文字通り百人力のパワーです。これでようやく、薪ストーブに入るサイズの薪となります。

5 エンジン式薪割り機での薪割り。この機械は山家さんの自作

6 最後はひたすら運ぶ作業

⑤薪を積む

薪を割ったら、積んでいきます。大量の薪を積むのはひと苦労です。果てしない作業が続きます。

⑥あったまる

ここまで準備をしてようやく、冒頭で述べた素敵な薪ストーブライフとなります。

7 できあがった薪を運ぶのにも八輪車が活躍

8 薪は平均で6カ月程度乾燥させてから使用している（一般的には１～２年ぐらい乾かすといいと言われている）。小屋の手前のほうに積んだ薪から使っていく

9 手はかかるけど、薪ストーブは最高！

チェーンソーはメンテナンスが命

チェーンソーを使った玉切りは、一見簡単そうですが、しばらくすると切れが悪くなります。そんな時は、チェーンソーの刃にヤスリで目立て（研ぐこと）をする必要があるのですが、これがなかなか難しく、地道な作業となります。

そのほかにも、原因は様々ですが、チェーンソーという機械はすぐに調子が悪くなります。チェーンソーを使うこと自体は簡単ですが、メンテナンスはけっこう難しいということがわかりました。

チェーンソーの目立て。本体を固定し、専用のヤスリで仕上げていく

以下は、これまでに見舞われたチェーンソーのトラブルです。

- チェーンオイル（チェーンの回転をよくするための油）が出なくなる。
- エンジンをかけるためのスターターのヒモが、引っ張ったあとに元に戻らなくなる。
- チェーンが「外れる」「緩む」。
- チェーンソーを落として部品が折れる。
- チェーンソーが倒れた木の下敷きになって破損。

以上、数々のトラブルを経験しながら、山家さんからは逐一対処法を教えてもらっています。

毎年、この薪作り作業を通して、自然エネルギーを使って暖をとることの喜びと大変さを感じます。

2週間ごとの煙突掃除や、週に1度の灰の掻き出し、室内に舞い散るススの掃除など、ほかにも大変なことはありますが、それらをひっくるめても、やっぱり薪ストーブは、最高です！

家賃は「薪払い」

すでにお話した通り、薪ストーブに欠かせないのは燃料の「薪」です。その薪はけっこう高価で、薪ストーブユーザーの悩みの一つです。

わが家で使用する薪は、毎年、山家さんと協力して作っています。山家さんのお宅では、暖房に灯油ストーブはいっさい使わず、薪ストーブのみという生活を20年以上続けています。生活に必要な多くのものを自給自足している山家さんは、家も薪ストーブも、さらには今回紹介するエンジン式の薪割り機まで自作です。

しかし、山家さんご夫妻も80歳を超え、最近は薪割り機を使っても量が作れなくなってきました。

そこでわが家の出番です。薪割り機の修理は山家

山家さんと薪ストーブ(S)

山家さんが所有する山林から
木を運び出しているようす

さんが担当する一方、薪作りは、山家さんのうちの分も含めてわが家（妻と子ども）が担当することにしました。もともとぼくたち家族は、山家さんのご厚意でこの場所に住まわせていただいていますので、せめて家賃代わりになればと、山家さんの薪作りを買ってでています。言ってみれば、家賃は「薪払い」です。

薪の原料となる木は、春から秋の間に山家さん所有の山林から、毎年30～40本ほど切り出して準備します。ちなみに、山家さんの山林の面積は、およそ1万5000坪（東京ドーム約1個分の広さ！）。その大部分は開拓せずに残してあります。

薪ストーブに込められた山家さんの哲学

山家さんはこれまでに薪ストーブをなんと50台以上も手作りしています。それが話題となって、新聞や雑誌に掲載されたことがあります。それらの紙面には、山家さんの哲学とも言える次のような記載がありました。

- 燃料が薪しかない時代、ストーブ作りは半ば必要に迫られたことから得た技術だった。
- 少年だった頃は、子どもたちは自分の部屋でバラバラ

超強力！　手作り薪割り機

山家さんと一緒の薪割り作業

山家さんが作った薪割り機をご紹介します。この超強力な薪割り機は、クレーン車などの油圧部品を取り外して、それらを溶接して作ったものです。

山家さんと一緒に薪割り作業をする時は、山家さんが機械を操作する担当、ぼくが薪割り機に「玉切り材」を置く担当です。

この薪割り機はどんなに巨大な玉切り材（木を輪切りしたもの）でも片っ端から割っていきます。

30分ほどの作業でこれぐらいの量の薪が作れる。この作業効率は驚異的で、仮にこの量を斧で割っていたら1日かかってしまう

薪割り機に玉切り材をセットした状態

に過ごすのではなく、家の中心に薪ストーブがあり、そこにみんな集まって過ごしていた。

- 昔は循環型の生活で、今よりも心は豊かだった。

山家さんが、なぜ、これほど手間をかけて薪ストーブや薪割り機を自作し、薪を調達しているのか、その背景がわかる記事でした。

薪小屋作り

毎年、寒くなってくると心配なのが、薪の準備のことです。と言うより、すでに雪解けの4月頃から、その年の冬の薪のことを考えています。冬は冬で、「薪を使い切ってしまわないか」と、また薪の心配をしています。つまり、ぼくらは年中薪の心配をしています。

薪のストックの心配がなくなるくらい薪を作り貯めしておきたいとこ

薪ストーブは飽きない

わが家の薪置き場は2カ所。1カ所目はこちら。この程度の量では、ひと冬ぎりぎり越せるか、やや不足

シラカバの皮（樹皮）。木を倒した直後にカッターで簡単に剥がせ、マッチ1本で火をつけただけで勢いよく燃えるので、着火の時に焚き付け材として便利

もう1カ所の薪小屋。角材が立てかけてあるところに、後日、新たに屋根を作って薪小屋を拡張した

ろですが、薪を保管する小屋にも限界があります。そこで、山暮らしを開始した翌年に、薪小屋を拡張することにしました。

「薪小屋作り」と聞くと、大仕事のようですが、薪小屋には壁や床は不要で、屋根作りが中心ですので、普通の小屋作りに比べたらラクなものです。

薪小屋増設のようす

4 完成！

5 薪を積んだところ。屋根材も廃材を活用。多少サビはあるが機能は十分

1 すでに使っている薪小屋の隣に足場組み立て用の鉄骨を設置し、その上に木材を固定した。これがそのまま小屋の柱（骨格）となる

2 屋根を支えるいわゆる垂木（たるき）を載せる。屋根の上に雪が積もると数百kgの重さになるので、廃材を複数組み合わせて強度を高めた

3 垂木の上にトタンの屋根材を打ち付ける

第3部
「食」や「衣」を自給する

第10章　野菜を自給する

ダイコンやニンジンを地中に埋めて保存。11月から4月上旬まで保存できる

この章からは、わが家の「食の自給」について紹介していきます。わが家は、食も自給することを目指しています。自分たちで野菜を作ったり、貯蔵や加工のほか、野草を使って料理をすることもあります。買う必要がある時も、知り合いの農家やご近所さんなど、なるべく顔の見える関係から買うようにしています。この章では、そんなわが家の食卓事情をご紹介します。

顔の見える関係で得る野菜

この暮らしを始める以前は、わが家も一般家庭と同じように、食べ物はほとんどスーパーで買っていました。でもこの暮らしを始めてからは、野菜は家庭菜園やコミュニティ菜園で育てたものが採れるようになっていきました。

買う必要があるときも、手伝いに行っている有機農家から購入するなど、なるべく顔の見える関係から買うようにしています。ご近所には、顔見知りの自然食品店もありますので、ここから油や砂糖などの調味料、おやつなどを買うこともあります。

このように、だんだんと自給で得られる野菜や顔の見える関係から購入する割合が増えていった結果、今ではスーパーで購入するものは、肉・魚ぐらいになりました。

第6章でも紹介した通り、冷蔵庫は使っていませんの

わが家の家庭菜園

シソ、ミニトマト、ナス

全景

夏のある日の収穫物

キャベツなど

で、肉・魚は、買ったらすぐに調理して食べきります。でも、毎回スーパーに買いに行くのは面倒なのでだんだん食べる頻度が減り、今では週に1回程度になりました。乳製品については、アレルギー体質の娘に合わせた食事をしていたら、家族全員があまり食べなくなりましたので、冷蔵庫なしでも問題なく暮らせています。

家庭菜園とコミュニティ菜園

わが家で食べる野菜は、80坪ほどの家庭菜園で自分たちで育てたものと、自給自足仲間が作ったコミュニティ菜園で育てたものが中心です。

コミュニティ菜園は、山家さんの自給自足仲間とわが家で協力して2019年に作りました。この辺では、野生のシカが畑の作物を荒らしてしまうので、畑を作るうえで囲いが必須です。この囲いを作るというのは、大変な作業でしたが、資材集めからみんなで協力し、100坪ほどの菜園がで

コミュニティ菜園ができるまで

バックホーでパイプを打ち込む

パイプ同士をクランプ金具でつなぐ

杭と杭をつないだらネットを張る

③タネまき・苗の植え付け

ネット張りと同時進行でタネや苗を植えていきます。慣れてる人たちはとにかく作業が早い。ここからはさらに畑らしくなっていきます。

①資材調達と整地

最初は資材の搬入と整地。エコロジー村の皆さんはとにかく顔が広いです。この時はSさんが、知り合いから譲ってもらったんだと、足場パイプなどの大量の中古建築資材を運び込んでくれました。

本格的な重機が登場

②柵作り

まずは杭（足場パイプ）を打ち込みますが、そのやり方が豪快！　バックホーのバケットに杭を載せて運んできて、バケットを使ってその杭を地面に打ち込んでいきます。

山家さんたちは、これまでもこうやってバックホーの機能を駆使して、開拓したり色んなものを作ってきたのでしょう。

次に、それぞれの杭を、金具を使ったり、連結用の部分に資材をつなげたりして、ネットを張るための柵を作っていきます。

柵ができたら、ようやくネット張りです。ネットと柵で囲うと、畑らしくなってきました。

きあがり、5世帯で共同で使用しています。

畑で、倉庫で、家のなかで貯蔵

野菜を自給するうえで特に重要なのが、野菜の貯蔵・保存です。ただし、貯蔵・保存と言っても、冬に必要な約半年分の食料全てを家のなかに置くと、生活スペースがなくなってしまいます。

そこで、ダイコンやニンジンは、屋外で保存します。ダイコンが立つくらいの穴を畑に掘って、野菜を立てて、その上をワラなどで覆います。雪が積もると、その保温効果でダイコンもニンジンも凍りつくことなく、4月上旬になっても食べることができます。

タマネギやカボチャ、ハクサイ、キャベツなどは、家のなかで保存します。雪が降る前には、家のなかがこれらの野菜でいっぱいになって、生活空間が狭くなります。そして、家のなかが広くなっていく（野菜が減る）とともに、雪解けの時期を迎えるのです。

マメをまく息子

トマトの苗を植えるところ

④作業後はみんなで夕飯

作業後はみんなでご飯を食べます。
何かもう…、これだけで十分幸せです。

みんなで夕食を囲む

野菜の保存・貯蔵のようす

1 ダイコンが立つくらいの穴を畑に掘る

2 ワラをかぶせ、その上をさらに土で厚めに覆う

3 掘り出したダイコン。雪の保温効果で凍りつくことなく、４月上旬まで食べることができる

干し野菜・漬け物・ビン詰め

保存・貯蔵に加えて、加工品作りにも取り組んでいます。

①干し野菜

ダイコンは薄く切って薪ストーブの周りに吊るしておけば切り干し大根になります。

ダイズやアズキなどの豆類も、薪ストーブで干します。秋はストーブの周りが野菜や豆類でいっぱいになります。

②ビン詰め・塩漬け

春夏野菜もビン詰めや塩漬けなどにすれば、冬の間に食べられます。トマトは大量に採れる時期にせっせとトマトソースにして、ビンに詰めて半年以上保存できます。キュウリも食べきれない分を塩漬けにして、冬まで持たせます。

妻が作る保存食のビン。トマトは大量に採れる時期にせっせと煮詰めてビン詰めし、半年以上かけて食べる。左から、トマトソース、豆板醤、麹で作る三升漬け、手作り醤油など

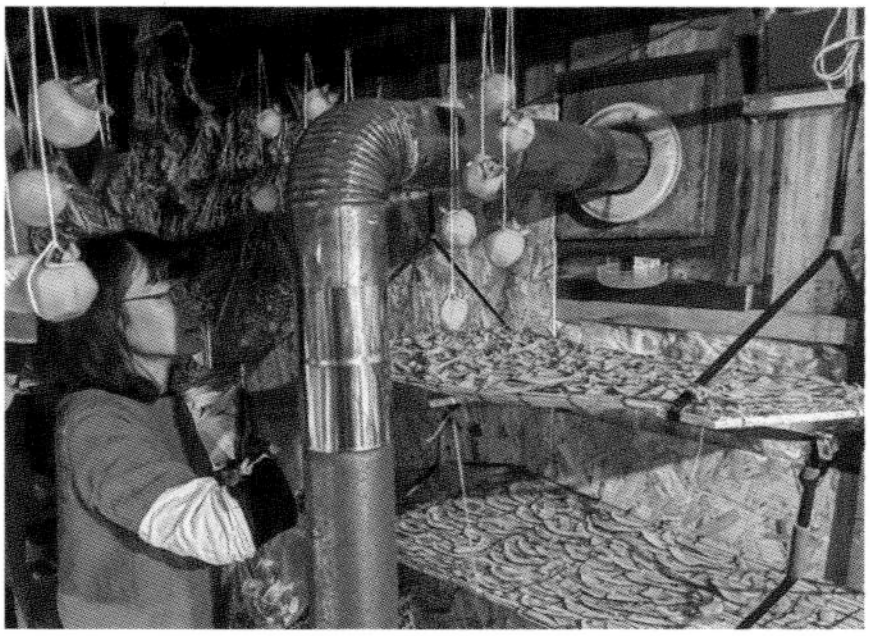
ストーブの煙突の周囲で干し野菜を作る（カキは一緒に畑を作ったSさんの自宅になっていたものをいただいた）

自家製の梅干し

山菜のビン詰め（醤油漬け）

③梅干し

毎年6月に梅干しを大量に作ります。古いもので8年もの。冬に限らず、年中食べています。

④三升漬け

これもビン詰めの一つですが、北海道の伝統保存食「三升漬け」もおすすめです。トウガラシ、醤油、麹《こうじ》を同量ずつビンに詰めるだけ。長期保存できて、そのままおかずになります。

⑤漬け物

冬に入る直前の11～12月に漬け物を作ります。

ハクサイでキムチを、ダイコンやニンジン、キャベツで北海道民のソウルフード「ニシン漬け」も作ります。

漬け物にすると、長期間保存できて美味しくなります。それだけでなく、倉庫や屋外に置いておけるようになり、家のなかが広くなるので嬉しいです。

ハクサイのキムチ

「三升漬け」。ほかほかご飯の上にのせて食べると美味しい

3月末に顔を出すフキノトウを皮切りに、野草ライフがスタート

北海道民のソウルフード「ニシン漬け」。11～12月にダイコンやニンジン、キャベツなどで作る

＊

少ないエネルギーで暮らすためのコツは、文明が普及する以前の、昔ながらの知恵や伝統的な暮らしのなかにヒントがあるのではないでしょうか。保存食や発酵食品を作りながら、そんなことを考えています。

待ち遠しい春の野草ライフ

雪が降る前に、カボチャやダイコン、タマネギ、キャベツ、ハクサイ、ゴボウ、ニンジンなどを収穫します。農家さんからも野菜を分けていただき、冬の間はずっとそれらを食べています。12月から3月末までの約4カ月分ですから、家の中は野菜だらけ。それでも春を迎える頃には、かなり尽きてきます。

そして「あぁ、もう、いよいよ食べる野菜がなくなってきたー」と思っていると、雪が解けた地面からフキノトウが顔を出します。野菜の尽きてくるこの時期ですから、「食材が地面から出てきたー!」という感

タンポポの花とネギのスープ。5月には、畑で越冬したネギが少し採れ始める

ツクシは子どもたちが遊び半分で採ってきて、ちょっと大変なハカマ取りも丁寧にやってくれる

下から時計回りに、ツクシの塩ゆで、フキのごま和え、フキの味噌汁、ヨモギ蒸しパン、山菜おにぎり（ヨモギやスギナなど）。真ん中のおにぎりは海苔の代わりにフキの葉っぱを巻いてある

動があります。

フキノトウを皮切りに、4～5月はフキの葉っぱやギョウジャニンニク、アズキナ、ウド、タンポポ、ヨモギ、ミツバ、ツクシ、スギナなど、食べられる野草や山菜が少しずつ出てきてくれます。本当に助かります。

これらの食べ方ですが、ミツバやアズキナはお浸しにして、ヨモギやスギナなどはそのままおかずとしては食べにくいので、お米と一緒に混ぜておにぎりにして食べたりします。

必然的にこの時期は、ご飯の消費量が多くなります。

野菜を育てるには、大変な時間と手間がかかります。そして、家庭菜園初心者のぼくらの技術では、収穫できるのはどんなに早くても5月下旬です。

ところが野草は、何の世話もすることなく、雪解けと同時に勝手に生えてきてくれます。もちろん、下処理が大変だったり、少し筋っぽかったり、野菜の食べやすさや美味しさにはかなわない面もありますが、

野草おにぎりの作り方

（文・沙恵）

わが家で定番の春の野草おにぎりたちをご紹介します。

ヨモギのおにぎり

❶ヨモギを沸騰した湯で湯がく。
＊ヨモギは繊維が硬いので、なるべく小さいものや穂先の軟らかい部分のみを摘む
❷ぎゅっと絞って刻んで、ほかほかご飯に塩と一緒に混ぜ込んで握る。

フキのおにぎり

❶フキを塩で板ずりしてさっと茹で、水に晒して一晩アク抜きする。
❷刻んで塩とご飯を混ぜて握る。

ミツバのおにぎり

❶ミツバを沸騰した湯でさっと湯がいて絞り、刻む。
❷ほかほかご飯に、刻んだミツバとお醤油を適量入れて混ぜ、握る。

スギナのおにぎり

❶スギナを沸騰した湯で3分くらい湯がく。
❷水を切って細かく刻む。
❸ほかほかご飯に刻んだスギナ、細かくしたおかか、白ゴマと塩を入れて握る。

わが家の春の定番「野草おにぎり」。材料はフキ、ギョウジャニンニク、ミツバなど

ワンポイント

刻み昆布を入れたり、炒りゴマを入れたり、醤油味をつけて刻んだお揚げを入れたり、好きなようにアレンジができます。ぜひ楽しく召し上がってみてください。

※ご飯を炊くためのお米の話は、第4部第13章でご紹介します。

とてもありがたいものだと感じています。

ちなみに、食べられる野草の見分け方ですが、わが家はもともと都会暮らしのサラリーマン家庭ですから、野草など、「フキは食べられるらしい」くらいの知識しかありませんでした。

ぼくたちの場合は、先輩ご夫婦と何度も一緒に野草採りに出かけ、その食べ方を教わり、一つ一つ覚えていきました。一人で本を読んで学んでも、結局不安になって食べられません。食べられる野草のガイド本などは、人から教わった後の復習用とすることをおすすめします。

野草を食べてみたければ、慣れている人に現地で一種類ずつ教わるのがベストです。身近な親や親戚に聞いてみると、案外、「昔は、こういうものも食べたんだよ」なんて、喜んで教えてくれるかも知れませんよ。

第11章　ニワトリを飼う

ここでは、ニワトリの飼育について紹介します。ニワトリは家庭で出る生ゴミなどを食べて卵を産んでくれたり、フンは菜園の肥料として使ったり、パーマカルチャーの象徴的な家畜です。卵を一年中産んでくれることは、ぼくたちにとって、大きな喜びとなっています。それでは、わが家での飼育のようすを紹介していきましょう。

パーマカルチャーの象徴

3カ月後から始まる山暮らしの準備をしていた2018年5月、山家《やまか》さんからお話がありました。

「知り合いでニワトリ（ウコッケイ）を手放したい人がいるんだ。三栗さんがよければ、一緒に飼わないかい？」

詳しく聞くと、メスのニワトリが20羽ほどいるとのこと。これから山暮らしができるだけでもありがたいのに、パーマカルチャーの象徴とも言える、憧れのニワトリを飼うことができるとは！　二つ返事でＯＫしました。

パーマカルチャーの基本的な考え方の一つに、「循環」があります。ニワトリを飼うことで、①家庭で出た生ゴミをニワトリのエサにする。②ニワトリが産んでくれる卵をいただく。③ニワトリのフンを畑の栄養にする。④その畑で育った野菜を収穫する。⑤その野菜を調理して

譲ってもらえることになったニワトリ（ウコッケイ）と初めてのご対面

食べ、調理で発生した生ゴミを、またエサにする。

このように、「循環」が生まれる生活、まさにパーマカルチャーの暮らしを始めることができる！　そんな期待でワクワクしました。

後日、ニワトリを譲ってくれるというAさんと電話で話をしました。Aさんは、ニワトリを小屋で飼っているとのこと。ぼくは、軽トラでその小屋をニワトリごと運んでくればいいかな、と安易に考えていました。

しかし、実際にAさんの元に行ってみると、ニワトリ小屋は、ちゃんと基礎から作られて地面に固定された、小屋というよりは家のような立派なもの。軽トラで簡単に運べるようなものではありませんでした。

1軒目のニワトリ小屋作り

そんなわけで、ニワトリを迎えるにあたって、譲り受けの期日が迫っていることもあり、早急にニワトリ小屋を作る必要がありました。ちょうど山家さんが、古くて屋根も窓もないプレハブを持っていたので、それを使うことにしました。

まず、屋根の代わりにブルーシートをかけて、重めの木材をのせてシートを固定。窓があったところには、金網を張りました。

こうして、急ごしらえの小屋ができました。

ところが、作業を始めて2日たち、もうすぐ完成というところで悲劇が起こりました。謎の突風が吹いて、ブルーシートの屋根とそれを抑えていた木材が吹き飛ばされてしまったのです。

突風で飛ばされて落ちたブルーシート

もともとボロボロすぎて不安があったこともあり、この事件を機に、このプレハブを使うことは諦めました。

2軒目のニワトリ小屋作り

このことを山家さんに話すと、さすがは人脈豊富な山家さん。プレハブを手放したい人がいるとのこと。そのプレハブは、屋根も窓もしっかりついているから、それをもらってきて使おう、ということになりました。ただし、運搬は自力でやる必要があります。

プレハブを運ぶには、クレーン付きのトラック「ユニック車」が必要です。ぼくは、そんな車を運転したこともなければ、クレーンを操作したこともありません。そこで、これまた山家さんの自給自足仲間で、ユニック車を運転できる方に協力を依頼し、ユニック車をレンタルして、一緒に現場に取りに行ってもらいました。

当日はあいにくの雨。プレハブが置いてある現場は、ぬかるみの多い場所です。その後、雨が強くなったり、ユニック車がスリップしたりと、ドキドキでしたが、何とか無事にプレハブを運んでくることができました。

運搬完了。運搬に使ったのはユニック車という、クレーン付きのトラック

定位置へ設置完了

コンクリートの床で野生動物対策

いつもアドバイスをしてくださる山家さんによると、ニワトリは、キツネやアライグマなどの野生動物に襲われやすいとのこと。彼らはニワトリを狙って、小屋のわずかな穴や、すき間から、地面を掘って侵入してくるそうです。

わが家のニワトリ小屋はプレハブなので大丈夫だろうと思っていましたが、このプレハブは、よく見ると古いこともあって、床にはところどころ穴が。これでは安心してニワトリを迎えられません。

このような状況を見た山家さんから、「床をコンクリートにしてしまおう」というアドバイスをいただきました。確かにコンクリートが打ってあれば、野生動物に侵入されることはありません。

山家さんに教えていただいた「コンクリート作戦」の大まかな手順は、次の通りです。

まずは床板剥がしからです。床板は見た目以上に腐っていて、床の穴が空いたところに手を入れて持ち上げると、次々に簡単に剥がれていき、あっという間に地面がむき出しになりました。

次に、床に砂利を敷きます。これは、投入するコンクリートの量を減らすためです。コンクリートは買わなくてはいけませんが、砂利は山家さんが敷地に保管してあるものをいただきました。

この作業は、スコップで砂利をすくって小屋のなかにひたすら敷き詰めていく、地味な作業です。全部で数百kgはあろうかという砂利を、ひたすらひたすら小屋のなかに入れていきます。汗だくになりながら、1時間以上かけて、ようやく砂利敷きが終わりました。

ここで山家さんから、新たな指示が…。

「いつも行っているホームセンターの隣に、生コン業者あっただろう。そこに頼んで、生コン運んできてもらってくれ」

えぇ!?

確かにそこに生コン業者がありますが、いかにもプロの土木業者の事務所といった感じで、素人が注文できるのだろうか。不安でしたが、行くしかありません。恐る恐るドアを開けて近くの人に話しかけてみました。

「すみません、生コンって、ぼくのような個人でも注文できるのでしょうか…?」

門前払いされることもなく、むしろ丁寧に対応していただき、無事、トラック1台分の生コンを注文できました。(料金は約1万5000円でした)

コンクリートミキサー車がやって来た!

よく見かける車ではありますが、いざ自分たちのために来てくれたと思うと、「本当にこんなことをしてよかったのか!?」と、ビビってしまいます。

小屋の窓を外して、コンクリートミキサー車をギリギリまで近づけます。

生コンを投入する時には、ドバドバと大量に流し込むので、顔にも生コンが飛び散ってきます。この生コンが固まる前に、急いで床全面を均等にならさなければなりません。

ちなみに、生コンの扱いは、一見簡単そうですが実際

砂を小屋の入り口付近までダンプで運搬する。このあとは手作業となる

いざ、生コンを投入！

砂を平らにならす

無事、生コンの投入完了

は相当重く、「ならす」という表現からは想像できないほどの重労働です。生コンをスコップですくって、小屋の隅々まで送っていき、最後はコテでならします。やっている時は大変でしたが、トータル30分ほどの作業で完了しました。

大量の砂を手作業で入れる

翌日、コンクリートが乾いて、頑丈な床ができあがりました。これならばどうやっても野生動物は侵入できません。けれど、まだ作業は終わりではありません。ニワトリは、体をきれいにするために「砂浴び」をするのです。そこで、コンクリートの床の上に、さらに砂を敷くことになりました。

生コンを入れる前に砂利を敷いた時のように、今度は砂を手作業で床全面に敷いていきます。小屋の入り口付近まではダンプで運んで来れますが、ここからは手作業です。

今回も1時間以上かかる作業でしたが、

初卵

初卵を持つ息子

砂は、砂利やコンクリートに比べればよほど軽くて扱いやすく、雪かき程度の労力でした。

こうして完成したニワトリ小屋ですが、5年以上たった今にいたるまで、一度も野生動物に襲われたことはありません。

ついにニワトリがキター！

後日、20羽のニワトリをAさんのところから運んできて、小屋に放ちました！

この日は、息子と娘がニワトリをまだ見守っていたいと、まだトイレもない未完成の状態の家（プレハブ）にお泊りしたのでした。

そして、翌朝――。

キター！　初卵、ゲット！

大変な思いをして迎え入れたニワトリでしたが、この1個で全てが報われた気がしました。

こうして、ニワトリのいるわが家のパーマカルチャーライフが始まったのでした。

ニワトリ小屋掃除の話

（文・Y）

はじめまして、息子のYです。お父さんからおもしろい手伝いを頼まれたのでご紹介します。

うちでは、ニワトリを20羽飼っていますが、その小屋を掃除するのが、けっこう大変です。掃除は、月に2、3回くらい（もう少しやったほうがいい）で、やるのはおもにフンの掃除です。

まず、巣箱の上からやります。ニワトリのフンが巣箱にくっついてるので、それをシャベルで剥がしていきます。その後、巣箱に敷いてある古いモミガラを捨て、新しいモミガラを入れます。最後は、床に落ちている羽根を片付け、エサをあげたら終了です。

ここまでやって、おおよそ30分くらいです。掃除は大変だけど、美味しい卵のため、ニワトリたちが快適に過ごせるようにこれからも頑張ります！

掃除をしていると卵を発見！

ニワトリ小屋のなか。立ってるのはぼく（Y）

エサやり。野菜クズや配合飼料（トウモロコシ・魚粉）などをバランスよく毎日与える

まず、巣箱の上を掃除

第12章 「衣」を手作りする

作った衣類をマルシェで売る妻・沙恵

衣食住という言葉があります。生活の基礎としての衣服と食物と住居。これらを手作りできると、胸を張って「自給自足しています」と言えそうな気がします。

ただ、「衣」の自給は何だか難しそうで、実際、ぼく自身は服を作れません。一方、妻は9年前から服作りを始め、今までに200着以上も製作しました。ここでは、そんなわが家の衣服の自給について紹介します。

体調不良をきっかけにパンツ作り

9年前、妻は何となくだるいなど、いまいち体調が優れない時期がありました。病院に行ったり、改善法を調べるうちに「ふんどしパンツ」で体調がよくなった人の話を知りました。ふんどしパンツは普通のパンツよりも締め付けが緩く、血流改善に効果があるそうです。

さっそく1枚買って試してみたのですが、1枚だけでは効果がよくわかりません。毎日はくために自分で作ってみようかな。そんな気持ちが湧き起こり、服作りが始まりました。妻は、結婚前は保育士、結婚後は主婦で、裁縫についてはまったくの素人です。

そもそも家で服を手作りするには、生地(布)・型紙・ミシンが最低限必要です。DIYで棚を作る時は、木材を設計図に合わせてカットし、電動ドリルなどを使って組み立てますね。服作りもそれに似ています。生

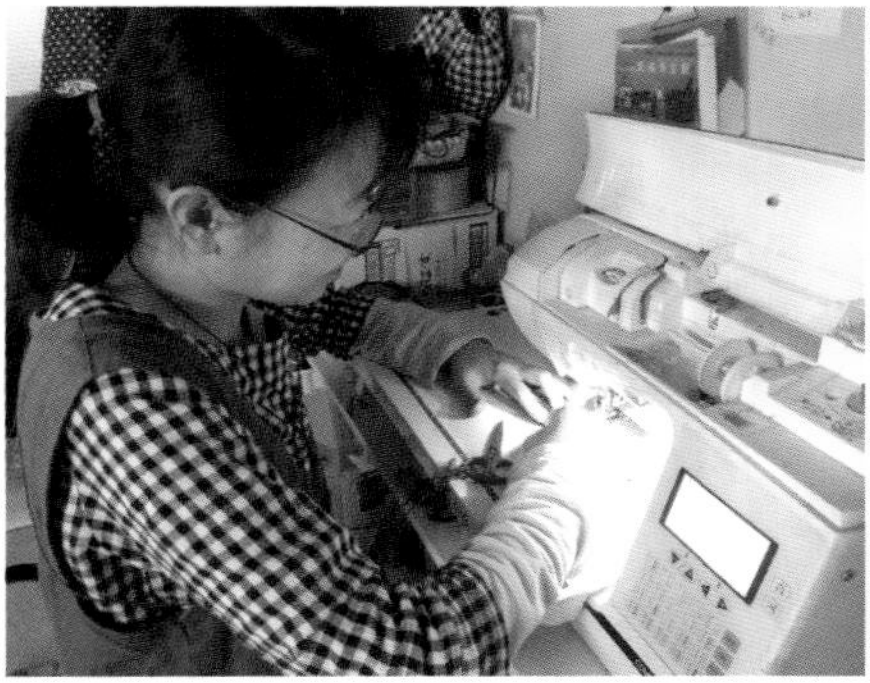

妻と家庭用ミシン。このほかに布の端がほつれないように「かがり縫い」などができるロックミシンもある

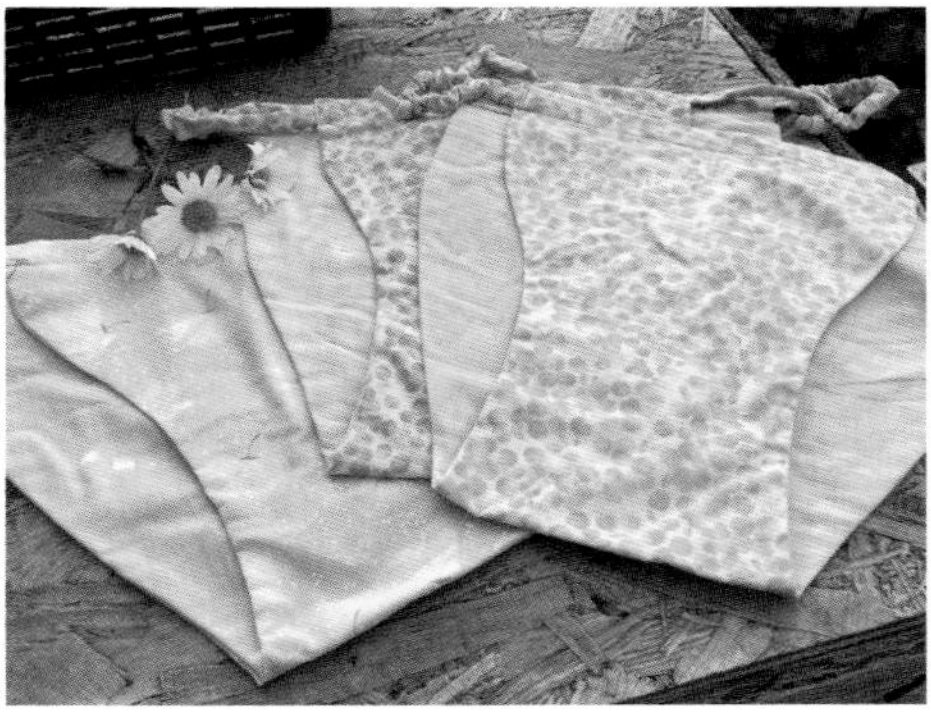

ふんどしパンツ。リンパを締め付けず、乾くのも早い

地を型紙に合わせて切って服のもととなるパーツを準備したら、それをミシンで縫い合わせることで体に合った立体的な服が完成します。

妻は、買ったふんどしパンツから型紙を起こし、手探りで製作。生地は手芸用品店で、ゴムヒモは１００円ショップで購入しました。ミシンは友人からもらったものを使いました。

失敗しながらも数枚作ってみると、思いのほか熱中し、楽しんでいることに気がつきました。また何か作りたいな。そうだ、子どもたちが自作の服を着てくれたらステキ、と今度は子ども服を作ることにしました。

１枚の布が服になっていく感動

妻はまず、子ども服の作り方の本を買ってみました。１ページに多くの型が掲載されていて、それらを別の紙に写して型紙を切り出す必要がありました。これが手間に感じて以来、型紙はそれ自体をネット注文しています。

子ども用のエプロンから始め、スカート、ワンピース、ズボン、トレーナー、帽子、カバンと、妻が感じる難易度順に易しいほうから製作していきました。初めての人にはエプロンがおすすめです。縫い目が直線なので簡単で、伸び縮みしにくい布を使えば縫いやすい。布を切る時に少し斜めになったり、縫い目が曲がってしまうなど、失敗するとイヤになってしまいそうですが、妻によると「素人なので完璧にはできないのが当たり前。曲がったところも手作りの味だと考えて楽しむのがコツ」とのことです。

妻は化学繊維の服を着ていると肌がかゆくなることがあるのですが、綿100％の生地で自分の服も作り、かゆみのストレスからも解放されました。

「好きこそものの上手なれ」と言う通り、妻はネットで動画などを見ながら日夜研究し、独学でいろいろな服が作れるようになっていきました。「1枚の布が徐々に服になっていく過程が感動的で、できた服は子どものように可愛くて愛着が湧く。それを着ているだけで日々が楽しくなる」のだそうです。

わが家の服は約8割が手作りに

現在では、わが家の衣類の約8割が妻の手作りで、残りはコートやアウトドアウェアなど家で作るのが難しいものです。

息子と娘も「買った服よりも肌触りがいい」「サイズがピッタリ。可愛い」と気に入っていますし、そもそも子どもたちにとって服は買うものではなく妻が作ってくれるものという認識のようです。ぼくも同様に、肌触りが断然よくて着心地がよく、暖かい（これ重要！）ためとても気に入っています。

肌触りや暖かさは生地選びが大事です。肌着には肌触りのよい綿100％の伸びる生地を、保温性が必要なトレーナーなどは綿100％に加えて裏毛がある生地を使います。ウールは洗濯すると縮んで服の大きさが変わるので使いません。

「安い服」への疑問

以前、妻と、あるドキュメンタリー映画を見ました。その映画では、安い服を大量生産するため、外国の過酷な労働環境の工場で働く人を紹介していました。この映画がどれだけ真実なのかはわかりませんが、少なくとも海外で作られて日本に持ってきた服が相当な安さで売られていることには不思議さを感じています。

また、妻がかゆみを感じるからということもありますが、もう一つ、化学繊維に疑問を感じたことがあります。以前、タイのジャングルに家族で長期滞在していた時、

お揃いのスカートをはいた妻と娘

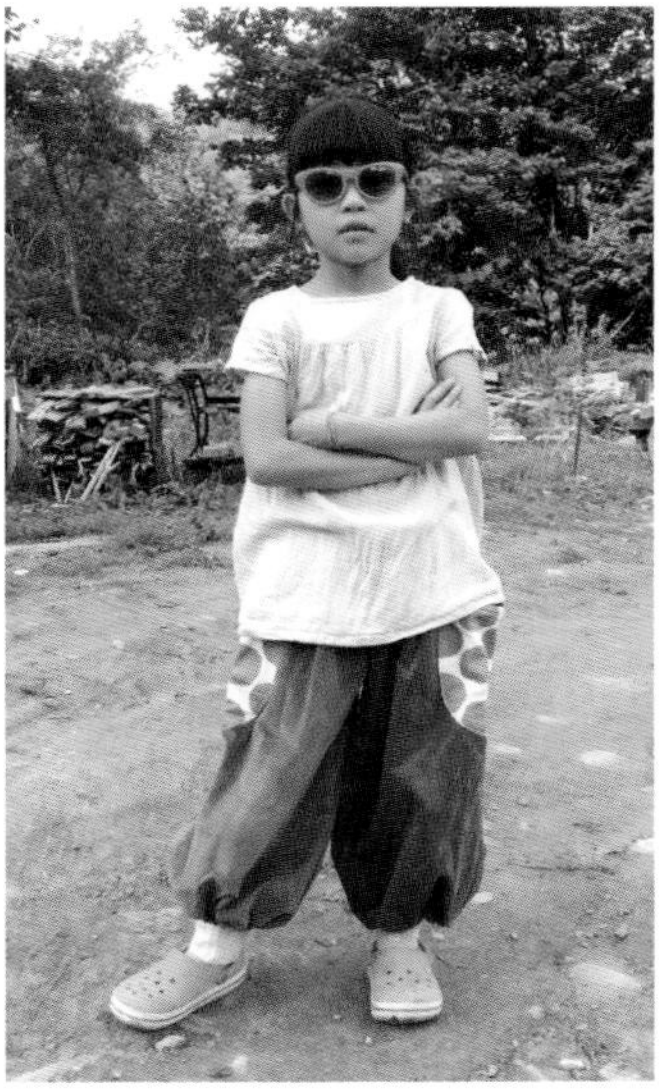

ズボンの股の部分は布を増やすことで伸びて動かしやすいようにしている

そこでは自分たちが出したゴミは燃やして処分する暮らしをしていました。ある日、ほかの人が忘れていったTシャツを処分するため燃やすと、ドロリと溶けて、プラスチックが燃えるような刺激臭をいつまでも放ち、とても不快な思いをしました。せめてゴミにする前に雑巾として使おうとすると、化学繊維は吸水性が悪く使いにくいこともわかりました。

そんな体験も、妻がコットン100％の服を作る理由になっています。「自分で作ったものは自分で直すことができて長く着られるし、子どもたちに大事にしてねと言わなくても、気持ちが伝わって大事にしてくれる」。成長して着られなくなった服をつなぎ合わせ、新しい子ども服にリメイクして生地を大事にできるのも手作りするからこそです。

好きが高じてマルシェにも出店

そんな思いで9年ほど続けている妻の服作りですが、好きでやっていたことが、自然に仕事につながったことにも驚いています。

ふんどしパンツが嬉しくて友達に話したり、プレゼントしたりしていると、「とてもいいものだったから、お

畑バッグ兼お散歩用バッグ。タイの山岳地帯で使っていた穀物袋でできた農作業バッグを真似て作った

布ナプキン。薬剤などをあまり使わずに作っている生地屋さんを探すなど、手間をかけて仕立てあげた

背中部分も端切れを組み合わせ、合計３枚で仕立てたTシャツ（右）

初夏のマルシェに出店しているところ

金を払うのでもう少し作ってもらえない？」という依頼がありました。また、当時体調不良で通っていたクリニックでふんどしパンツを見せると、「ほかの患者さんも欲しがると思うから、クリニックで売る分を」という依頼もいただきました。

その後も、近所で飲食店をやっているオーナーさんにエプロンをプレゼントしたところ、店の一角に妻が手作りした服やポーチなどの小物を置かせてもらえるようになりました。

「好きなことを仕事にする」という生き方が、ここ最近、色々なメディアで紹介されていると思いますが、妻を見ていると、仕事に「する」というよりも好きなことが仕事に「なった」という感じがしています。

実践編

暮らしの手作り術

文・三栗沙恵

こちらのコーナーでは、食や衣の自給について、わが家流の楽しみ方を紹介していきます。ふだん何気なく食べているもの、使っているものを自分の手で作ってみたら、家族の間で小さな会話や喜びが増えました。気づけば、お味噌や梅干し作りなどは家族行事になり、豊かな日々だなあと感じています。手作りのお洋服に添えたキャラクターの刺繍が、娘の学校での会話のきっかけになることもあって、嬉しい気持ちになります。そんなわが家の小さな自給レシピ、興味を持たれたものから、ぜひトライしてみてください。

実践編 1

お好みの塩分濃度で梅干しを作る

梅干しを作り始めて、かれこれ14年になります。当初、梅干しの塩分濃度は18％で仕込んでいましたが、他の濃度でも作れることをお友達から教わって以来、毎年、様々な濃度で漬けて楽しんでいます。北海道でも小ぶりの梅は実りますが、わが家では、長い間愛媛県の無農薬で作ったウメを送ってもらっています。

長期保存したい場合は、塩分濃度18％がおすすめです。個人的には、塩分濃度は低いほどフルーティーな梅干しに仕上がると感じています。

材料・道具

完熟ウメ … ウメは「完熟梅」がおすすめ

塩 … 適量

※分量は、例えば1kgのウメを塩分濃度15％で漬けるなら塩は150g。

樽・重石・落とし蓋 … あらかじめホワイトリカー（35°）で霧吹きするなどして殺菌する。

作り方

1 ウメを用意する

完熟のウメ。以前は青梅を追熟させて使っていましたが、経験を積むうちに、完熟ウメのほうが皮が軟らかくて美味しく仕上がることがわかった

2 ウメをさっと洗って水気を拭きとり、おヘソをとる

ウメのおヘソ（ヘタ）を楊枝でとる

3 塩とウメを樽に入れる

①小さなボウルに35°のホワイトリカーを少量入れ、ヘソをとったウメをその中で転がすようにして殺菌してから、樽に入れていく。

②塩とウメを交互に重ねてミルフィーユ状に重ねていく。

※塩分が15％以上ならばカビにくいので、洗ってヘソをとったウメを直接樽に入れても大丈夫。その時、ウメと塩は交互に重ねてくださいね。

ウメをお天道様に当てると、自然にほんのり赤色に変わっていく。それが嬉しい

とがあるので、早めにお天道様に当てるのがわたし流。

※お好みで赤シソを入れてもいい。私は完熟ウメの香りで満足しているので、赤シソは入れません。北海道の赤シソの旬は8月ですから、忘れてしまうというのも使わない理由の1つですね（笑）。

保存法

干した後は小さなビンに分け、仕込んだ「年」と「塩分濃度」を記入し、保管棚へ。ビンが空くたびに、次のビンを取り出す楽しみと、手軽さがあります。

ビンに入れて保管。写真は2018～2023年のものを並べたところ（2022年は肩を骨折して仕込めなかった）。梅酢に漬けたもの、漬けていないものなど様々な梅干しがある

ウメと塩を交互に重ねていく

4 落とし蓋と重石をのせて漬ける

カビ防止のため、塩分濃度が低いものほど、早めに梅酢（梅干しを作る時にウメから出てくる液）を上げるようにするのがポイント。塩分低めで作る時は特に、一晩で梅酢が上がるよう、重石をしっかりのせる。

5 天日で干す

梅酢がしっかり上がって2週間たったら、3日間、天日干しにする。塩分が高めの15%以上のものは、7月の土用の時期まで待って、天日干しをすればよい。

※梅酢が上がっていても、カビが浮いてくるこ

ウメも梅酢もお天道様パワー充電。干すのは日中のみで丸3日

梅干しは様々な料理に利用できる(右端が梅醤油)

●**梅ジュース**

2023年は、梅ジュースにシナモン、カルダモン、クローブ、八角、ショウガを入れてスパイスシロップを作りました。

梅干しを無理なく取り入れるには？

ところで、梅干しを子どもが食べたがらないという話をよく耳にします。梅干しを無理なく取り入れる方法を私なりに考えてみました。

手軽なのは、ご飯を炊く際に、梅干しをぽとんと入れることです。幸い、わが家は全員梅干しは大丈夫なので、お米3合あたり３～４個入れてご飯を炊きますが、もし家族に苦手な人がいたら、その量を減らして炊いてみてはいかがでしょうか？

炊き上がったら、さらにワカメやゴマ、おかかなどを混ぜてもよいでしょう。お米と一緒に炊き込むことで果肉が軟かくなり、酸っぱさも抑えられます。

梅干しは火を通すことで血流をよくする効果が生まれるとか。効用を楽しく美味しく取り入れたいですね。

ワンポイント

小学生でもできる梅干し作り

わが家では、娘も梅干し作りにチャレンジしています。「小さい日の丸弁当を作る！」と、取り組み始めました。少量ならば、ホームセンターで売っている一夜漬け器（即席漬け物器）でやれば子どもでも簡単に漬けられます。娘の梅干し仕込み歴は２年。毎年1kgずつ漬けています。

梅酢が上がったら容器を持ってクルリと回して梅酢を梅全体にかけ、少しずつ圧をかければ、おもしろいくらいにきれいに梅酢が上がり、そのようすも観察できます。

一夜漬け器で仕込んだ梅干し。梅酢が上がってきたところ

使い方・食べ方

●**梅醤油**

梅干しはぜひ種までお使いください。割ったあとのウメの種は、醤油に漬けておけば「梅醤油」になり、ポン酢のように使えます。おにぎりを作る時に取り分けた梅干しの種からでも手軽に作れるので、ぜひお試しあれ。

実践編2

納豆を作る

わが家では納豆も作っています。北海道は「お豆大国」で、ダイズの種類が豊富で楽しいんです。「青大豆」やら「黒千石」やら、いろんなお豆でトライしています。

以前は自作の発酵器を使っていましたが、市販のヨーグルトメーカーだと温度が一定で糸がしっかり引くので、今はそちらを使っています。

納豆菌から納豆を作る

材料・道具

ダイズ … 100g
納豆菌 … 0.1g（小さじ2の熱湯で溶いておく）
ヨーグルトメーカー

作り方

1 お豆を浸漬した後、圧力鍋にかけて一気に蒸す

水に浸したダイズ

2 ヨーグルトメーカーにセットする

蒸した豆が熱いうちに、熱湯で溶いた納豆菌を混ぜて、ヨーグルトメーカーにセットします。

3 保温する

45℃で21時間ほど保温して納豆のできあがり。思った以上に簡単にできますよ。

ヨーグルトメーカーにセットしたところ。水滴が落ちると糸引きが悪くなるのでペーパータオルを噛ませてセットする

野草納豆を作る

納豆はイナワラで作るイメージが強いかもしれませんが、実はイナワラがなくても納豆は作れます。

近頃、わが家の食卓に上がるのはもっぱら「野草納豆」です。野草納豆とは、イナワラの代わりにクマザサやレモングラス、シソ、ゲットウなどの葉を使って作った納豆のことです。納豆菌は枯草菌と呼ばれる菌の一種で、野草にはそれが大抵ついています。市販されている納豆菌を使わずに、それらの葉を使って作っています。

必要な葉っぱの量は、クマザサなら４枚ほど、フキなら２枚ほど。ダイズを包み込んで保温できるくらいの量があればOKです。摘んできた葉を５分ほどしっかり煮沸すると、他の菌が殺菌され、納豆菌だけが残ります。煮沸した葉っぱで蒸しダイズをサンドしたらスイッチオン。あとは待つだけです。時間と温度は納豆菌から作る時と同じで、とっても手軽です。

煮沸したクマザサの葉をしいて、ダイズをのせる

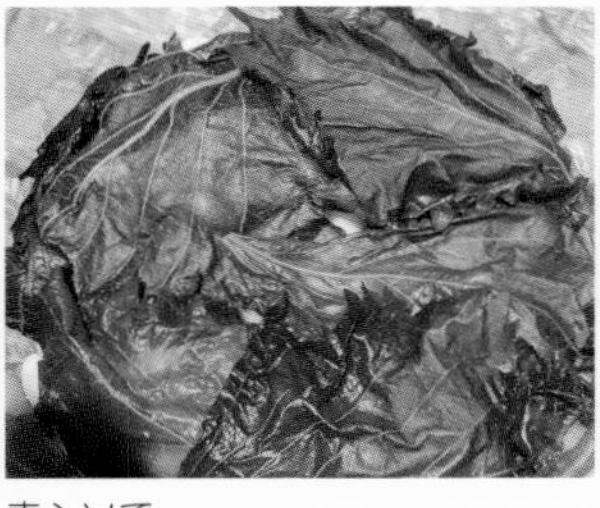

青シソで

フキの葉で

沖縄から取り寄せたゲットウの葉で。ダイズは「黒千石」という品種

蒸し立てのお米。ふわっと優しいご飯の香りが広がる

途中で手入れ（固まった米粒をバラバラにすること）をするたびに、部屋中に麹の優しい香りが漂います。

この麹は、味噌、醤油、甘酒など、様々な調味料や食品に変わっていきます。

蒸米の香りに誘われてきた娘が、そのまま種麹をふってくれることも

手前味噌を作る

味噌は、おもに麹とダイズ、塩から作られています。ここは年間通して涼しいので、2年くらいおくと美味しくなります。

実践編3

麹《こうじ》で調味料を作る

わが家で使う主な調味料は、味噌、塩、醤油、油、砂糖、みりん。そのうちの味噌と醤油は自給しています。特に、味噌は家族4人分で年間36kg作っています。

日本は、麹から作られる調味料が多いですよね。それらは微生物の力を借りて発酵・熟成され、できあがります。それってとても豊かなことですよね。

麹を作る

美味しい味噌を作りたくて、製麹《せいぎく》（麹を作ること）を「麹の学校」を主催するなかじさんから教わり、作るようになって8年たちます。いつも食べているお米を和セイロで蒸し、そこに種麹（麹のもと）をまき、育てていきます。

お米が蒸し上がった時はいつも、幸せな気持ちになります。娘はこの香りに誘われて、いつも皿を持って味見しにやって来ます（笑）。

蒸したお米に種麹をふったら、丸2日かけてお米に麹を生やしていきます。

ちらは旨味よりも酸味が勝りました。2年ものは、色もしっかり濃くなって美味しく仕上がりました。

いろんな味噌を作る

アズキやヒヨコ豆などダイズ以外の豆を使った味噌も作ってみましたが、やはり定着したのは、麦麹や豆麹、米麹など、麹の種類のみを変えた味噌です。

日本の味噌の種類は、大まかに「米味噌」「麦味噌」「豆味噌」の３つですが、地域によって麦麹と米麹が混ざった「甲州味噌」があったり、豆麹に大麦の入った「郡上《ぐじょう》味噌」があったり、本当に奥が深くておもしろいです。味噌マニアの私は、旅先では必ず、地元の味噌を作る味噌蔵を訪ねるようにしています。

わが家には現在、定番の2年味噌のほかに、甲州味噌、豆味噌、九州味噌など数種類の樽が並んでいます。「味噌で医者いらず」を目指して、日々美味しく養生しています。

そのなかで特におすすめなのが甲州味噌です。郷土料理の「ほうとう」にも使われている味噌で、何でも美味しくいただけます。麦麹が使われているので整腸作用もあります。今年は、いつも仕込んでいるお味噌の半量を甲州味噌で仕込まれてみてはいかがでしょうか？　以下にレシピを載せておきます。

材料

米麹 … 1kg
ダイズ … 1kg
塩 … 450g

作り方

1 丸一日、十分に浸漬したダイズを蒸す

2 蒸したダイズが45℃以下に冷めたら、つぶして麹と塩を混ぜる

蒸したダイズを一生懸命つぶす作業。わが家が年間で仕込む量は30kg超。樽がいくつか並ぶ

3 樽に仕込む

せっかく複数の樽で保存するので、わが家では麹歩合《こうじぶあい》（麹とダイズの割合）をそれぞれ変えて仕込んでいます。例えば、ある樽は基本の配合で仕込む、別の樽は麹のみ1.5kgに増やす、という具合です。麹の割合が増えるほど発酵が早まり、熟成期間も短くなります。その場合は、熟成期間は半年から1年ほどにします。

２年熟成する場合は、カビ防止のため私は味噌の表面に酒粕で蓋をし、さらにその上にラップ＋袋に入れた重石用の塩を軽くのせ、空気が入らないようにします。

３年熟成させた味噌も試してみましたが、こ

作り方

1 麹、水、塩を入れて、木ベラでかき混ぜる

保管は直射日光の当たらない涼しい場所へ。仕込んで1週間までは毎日かき混ぜ、しっかり塩を溶かす。
その後3カ月くらいは2週間に1度ほど、それ以降はひと月に1度ほどかき混ぜる。

2 1年ほど熟成させる

3 醤油を絞る

絞る量が少なければ、コーヒーを落とすようにコーヒーフィルターを使ってポタポタ落ちてくるのを待ちます。わが家では仕込み量が増えたため、自作した醤油絞り器で以下のようにして絞っています。

①もろみをサラシで作った袋に入れ、漬け物器に重石をのせる
②重石とジャッキの間にすきまができるので、ステンレスの容器などを挟み、ゆっくり圧をかけていく（写真ではビンを使っていますが、割れる可能性があるので、別のものをおすすめします）
③写真くらいの量を絞るのに2時間ほどかかる

上のネジを回して少しずつ圧をかけて絞っていく

甲州味噌のレシピ

・米麹 … 500g
・麦麹 … 500g
・ダイズ … 1kg
・塩 … 450g
＊作り方は前ページの手前味噌と同じ。麦麹はインターネットショップなどで入手可能

手前醤油を作る

梅酒を作るビン（4ℓ）1本分くらいの醤油の量ならば気楽にできます。味噌作りに慣れた方は、手前醤油にもトライしてみてはどうでしょうか？

醤油作りは、本来は麹作りから始まりますが、ここでは買ってきた麹を使う方法を紹介します。

材料

醤油用の麹 … 1kg
水 … 1.5ℓ
塩 … 470g

醤油用の麹。原料はダイズと小麦。インターネットショップなどで購入可能

乾燥させた醤油粕は、おやつに入れたり、ふりかけにしたりして食べる

おわりに

手作りの調味料は、日々の暮らしなかに小さな喜びを与えてくれるとても重要なアイテムです。子どもたちにも、「食べ物は自然の力を借りながら時間をかけて作られるんだ」ということが、驚きや喜びとともに伝わってくれたら嬉しいなと思っています。

自分で醤油麹を仕込むと、何だかワクワクしてきませんか？

右は仕込み後すぐ。左が1年たってできた「もろみ」。これを絞ると、醤油になる

絞った醤油

醤油絞り器を作る

ホームセンターで買ってきた重石付きの漬け物器を使います。この道具を使うとしっかり絞れます。残った醤油粕は、フライパンに入れてストーブの上で簡単に乾燥させられます。

1. 漬け物器の底にドリルで穴を開ける
2. 板を２枚用意して重ね、下の板の底からボルトを立ち上げ、上の板には蝶ナットをセットする
3. 漬け物器と垂れてきた醤油を受ける容器の間に挟む木の棒を２本噛ませる

漬け物器の底にドリルで穴を開けたところ

実践編4

漬け物を作る

わが家では畑の最後の作物であるハクサイ、キャベツ、ダイコンの収穫を終えた11月になると、雪下で保存するお野菜をのぞいて、漬け物にして保存していきます。

スーパーでよく売っている浅漬けタイプの漬け物とは違い、ひと月くらいかけてしっかり漬け込んだ自家製漬け物は、ぬかや麹を使うことでビタミンやミネラルが補われ、酵母や菌の力で乳酸発酵もバッチリ。健康にもよく「ご飯のお供」以上の働きをしてくれる優れ物です。

毎年、豊かな冬にするために、ニシン漬け、味噌粕漬け、ハクサイ漬け、キムチ、玄米漬け、鮭の飯寿司《いずし》、へしこ、鯖のかぶら寿司など、12月末までかけて少しずつ樽を増やしていきます。

干し大根の玄米漬け

麹と玄米の甘味で、子どもたちが大好きな漬け物の1つです。11月になると霜が降り始めるので10月のおわりには干し大根を作ります。

材料

ダイコン …5本
麹 … 400g
玄米 … 4合
塩 … ダイコンの重量の3%
昆布 … 10㎝くらい
唐辛子 … 適量
※道具は樽・重石・干しヒモ・ポリ袋を適宜使用（ほかの漬け物も同様）

作り方

1 ダイコンを干す

ダイコンを干す時には、ずっとヒモで縛ってきましたが、最近、こんな手作り干しヒモを教わって使うようになりました。ビニールハウスを留めるハウスロープを半分に折って、2㎝ほどに切ったホースに通したものです。水分が抜けて細くなったダイコンを押さえ直すのも簡単で、重宝しています。

ダイコンを干しているところ。ダイコンが落ちにくい手作り干しヒモを使用

砂糖を入れます。でも、この時期にいただく機会の多いヤーコンを一緒に漬けると、お砂糖なしでも甘くなります。このほか、わが家ではこの時期に採れるキクイモも一緒に漬け込んでいますよ。

材料

キュウリ（塩漬け）… 30本くらい
ヤーコン … 3本くらい
キクイモやショウガなど … 10個くらい
味噌 … 500g
酒粕 … 1kg（踏み込み粕と言われる漬け物用に熟成された粕がおすすめ）

作り方

1 キュウリを塩抜きする
塩漬けキュウリの塩を洗い流し、水を溜めて塩が抜けるのを待つ。1日に2、3回水を替え、味見をしながら塩が抜けるまで。

2 漬ける
味噌と酒粕を1：2の割合で混ぜて漬け床を作り、野菜→漬け床→野菜の順で、ミルフィーユ状にして重ねていく（ヤーコンは上のほうに置くと、甘味が全体に伝わりやすくなります）。

3 熟成させる
3週間ほど熟成させる。

ニシン漬け

北海道のソウルフードとして欠かせないニシン漬け。色々な漬け物を作るわが家でも、一番の人気を誇ります。

2 ダイコンを漬ける
炊いた玄米、麹、塩、昆布、唐辛子を混ぜて漬け床を作ります。その後、漬け床→干しダイコン→漬け床の順に重ね、最後は漬け床でおわらせ、重石をのせる。

3 熟成させる
3週間から1カ月漬け込んだらできあがりです。

この年は干す時期が遅く、水分がだいぶ残ったままで漬け込んだが、おいしくできた

キュウリの味噌粕漬け

夏の間にとれたキュウリを3カ月ほど塩漬けして保存し、11月に入ってから塩抜きをして、味噌粕に漬けていきます。

粕漬けの定番は、キュウリとダイコンで、普通は甘味をつけるためにお

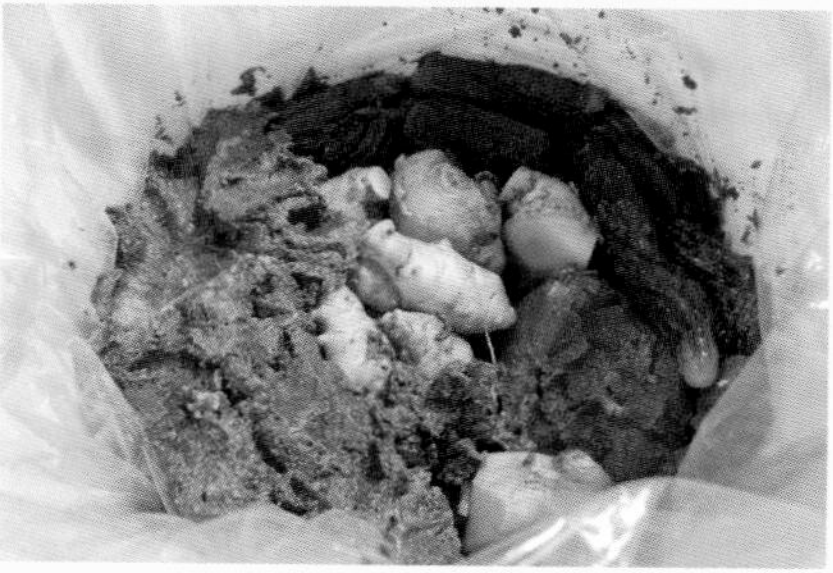
漬けあがったところ。この時はショウガも入れた。ピリッとして美味しい

2 麹を除いた材料の2.8%ほどの塩を入れて混ぜ合わせ、2倍ほどの重石をかけておく

3 3週間ほど熟成させて完成

おわりに

私にとって、漬け物作りは豊かな冬仕事。漬け物は、仕込みをちょっと頑張れば長期にわたって食事作りを楽にしてくれ、ご飯と味噌汁があればあとは漬け物だけで十分という安心感もあります。夏の間と変わらず、今年の実りに逐一感謝しながらのわが家の冬の食卓です。

ここに紹介した以外にも、キムチ（74ページ）、シャケの飯寿司《いずし》、へしこ（北陸地方で作られる魚のぬか漬け、Ⅲページ）なども作れるよう、試行錯誤を続けています。冷蔵庫という電気エネルギーを頼らずに魚を保存できる知恵も残していきたいものです。

シャケの飯寿司。キャベツ、ダイコン、ショウガ、ユズにレンコンがてんこ盛り

作り方も、材料を袋のなかで混ぜて重石をするだけと、とっても簡単ですよ。

材料

キャベツ … 1個
ダイコン … 1個
ニンジン … 2本
ショウガ … 中サイズ1個
身欠きニシン … 約6本（米のとぎ汁にひと晩つけて柔らかくしておく）
麹 … 約200g（乾燥麹の場合は少しのぬるま湯で戻しておく）
唐辛子 … 適量
昆布 … 10㎝くらい
塩 … 野菜とニシンを合わせた量の2.8%

作り方

1 野菜を刻んで漬け物用のポリ袋（1斗用）にガンガン入れ、最後に唐辛子、昆布、麹を入れて袋ごと混ぜ合わせる

材料を入れたところ

実践編５

薪ストーブで作る 干し野菜とおやつ

わが家は札幌でも標高が高めの場所にあります。そんなこともあり、一年のうち8カ月近くは薪ストーブに火を入れて暮らしているので、いつの間にやら、ストーブの周りで干し物をするのが季節の仕事になりました。

ストーブに火を入れる時期になると、何を干そうかワクワクします。カボチャを干したり、いただいたカキを干したり、蒸かした芋を「干し芋」にしたり。この時期になると、ストーブの周りに「干し場」が設置されます。

これまでは100円ショップですだれを買ってきてその上に干していました

すだれで作った干し台

新たに作った干しカゴ。２つの金ザルを針金の輪で蝶番（ちょうつがい）のようにして留めてある

が、2023年の冬は金ざるを針金で留めて干しカゴを作りました。ひっくり返った時にも中身がこぼれず、屋外に干す時にも鳥などに食べられる心配もありません。

干し野菜

わが家を代表する干し物が干し野菜です。使い切れないショウガやニンニクをスライスして干したり、ちょっとだけ残った野菜やキノコを干したり。干したニンニクやショウガはミルでパウダーにして炒め物やスープに使っ

干しリンゴ作り

菊芋茶　皮を軽くこそげ取り（無農薬ならそのままで）スライスして干す。

干しリンゴ　いちょう切りにして干す。紅茶やハーブティーに浮かべるのはもちろん、そのまま食べても美味しい。

ローズヒップティーと合わせて（浮かんでいるのは干しリンゴ）

シカ肉のジャーキー（干し肉）

シカ肉を2kgもらった時、半分はソーセージに加工し、残り半分をジャーキーにしました。ソミュール液に2日ほど漬けて下味をつけ、ストーブの近くで干しました。3日ほどでカラカラに乾き、おつまみやおやつにして食べましたよ。

シカ肉のジャーキー

たりもします。野菜やキノコを干してスープにすると、いい出汁が出ます。干し野菜をうまく使うと、味噌汁作りが一気に楽にもなります。

無農薬のミカンが手に入った時は、皮を刻んで干しておいて、他の葉っぱとブレンドしてハーブティーにしたりもします。

野草茶を作る

葉っぱをいただくハーブであるホーリーバジルやレモングラスなどは、霜が降りる前の10月にまとめて刈り取り、茎ごと束ねて干します。

お茶にする時はポキポキ折ったり、ハサミで切ってティーポットへ。とてもいい香りのハーブティーができあがります。

他にもいくつかご紹介しますね。

熊笹茶　きれいなクマザサを摘んできて洗って干す。乾いたらハサミで適当に切ってフライパンで炒って香ばしくする。

干したハーブは食品保存用袋に入れて保存し、飲みたい時にポットへ

お餅で作るおかき

青海苔やゆかり、ハーブソルトや黒豆、ヨモギの粉などを混ぜてお餅をつき、なまこ状に丸めて乾燥させます。ある程度硬くなったらスライサーで３㎜くらいに削り、ストーブの上で乾燥させてから保存用袋などで保存します。

食べる時はストーブの上で焼いたり、油で揚げたり、その時の気分で楽しめます。

なまこ状に丸めた餅

熾火《おきび》で焼くクッキー・パン

オーブンがない暮らしでこんな料理法も見つけました。薪ストーブの熾火で釜焼きのようなクッキーが作れるのです。

熾火とは、薪や炭が炎を上げずに、芯の部分が赤く燃えている状態のこと。温度が一定で、調理にも向いていると言われています。2023年の冬はパン焼きにもトライしてみました。

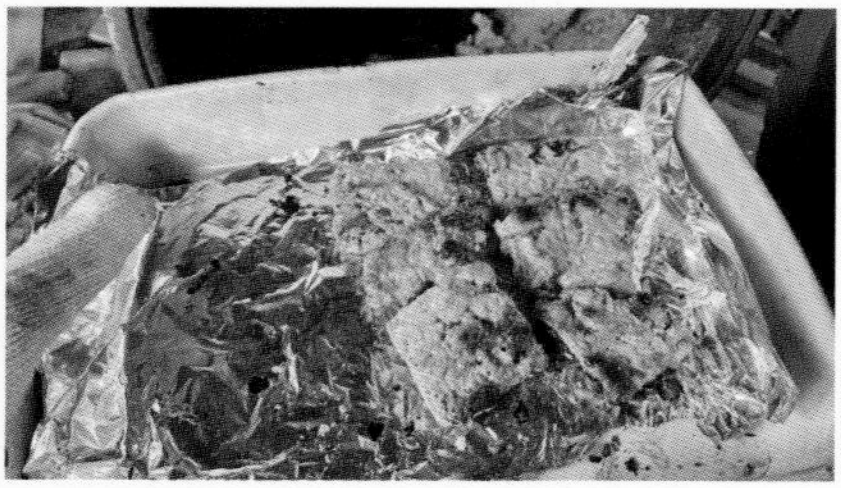

クッキー。熾火のそばに置けば焼きあがる

ちぎりパン。色や形はご愛嬌。試行錯誤の末の愛おしいまるパンちゃん。ディップには「スパイスクリームチーズ」と「ハーブバター」を添えてみました（スパイスクリームチーズに添えるアーモンドは、ストーブの上でじっくり炒る）

おわりに

冷蔵庫を使っていた頃は、こんなにも「干す」知恵を使ったことはありませんでしたが、この暮らしになってからは、毎年「干す」ことに関するスキルを磨いています。旨味が増えたり、保存性が上がったり、家事が楽になったり、「干す」ことが与えてくれる色んな恩恵を感じています。

薪ストーブを通して、不便さのなかにあるとても豊かな恵みに、暮らしが潤っていくなあと、作業をしながらしみじみと思います。

娘とのお揃いに憧れて作った服

実践編 6

服作りを無理なくスキルアップするには？

9年ほど前に体調不良になった時、鼠蹊部《そけいぶ》（足の付け根のあたりのこと）を締め付けない「ふんどしパンツ」が体調の改善にいいと聞きました。それを自分で縫って作ってみたのをきっかけに、服作りの楽しさにハマってしまった私は、9年後の今では、気づけば家族４人分の服を作っています。

子ども服から始まり、自分の服 → 夫の服 → 肌着 → 帽子 → カバン → 布ナプキンやエプロンと、家族が普段身につけるような衣類はほぼ全てトライしてきました。

前の年に肩を骨折して夏物が仕立てられなかったため、一気に縫い上げた家族分の夏服たち

とは言え、私自身、裁縫に取り組むのは中学校の家庭科以来。全くの初心者同然でした。ここでは、そんな私がどのように裁縫のやり方を身につけてきたかをご紹介したいと思います。

最初は本を読んで取り組んで挫折

服を作ってみたいと思いつき、洋裁本を購入し、いざ始めようとしたのですが、色んな壁にぶつかりました。

まず洋裁本に書かれている生地の名前の種類がわからない。女の子用ならフリフリ襟のTシャツも可愛いけど、Tシャツの生地なんて家庭用ミシンで縫えるの!? などなど、たくさんの疑問の数々でした。

型紙にもひと苦労でした。最初は、洋裁の本から型紙を写し取って使いました。でも、型紙を写し取ろうとしたらいくつものサイズの線が並んでいて写し取るのが大変…。そのうえ、縫いしろも自分でつける必要がありました。

その生地を扱っているお店などを教えてもらったこともありました。型紙に添えられる仕様書（作り方）も丁寧なお店を選んだことで、独学だった私の「洋裁の先生」のような存在になりました。

洋裁本の通りに作ったけど生地が薄すぎて雰囲気が想像と全然違った、などということもなく、着てみたらとても可愛くて、それがモチベーションになりました。

型紙屋さんで買うと値段は高いですが、結局できあがるまでの時間が最短なので、作り上げた喜びを存分に味わうことができると感じています。

このほか、オリジナルの型紙と生地がセットで売られている場合もあり、それを購入するのもよいでしょう。型紙に合う生地を外さないので、最後まで楽しく作れるうえ、生地選びのコツもわかってくるので、次に作るものを決める時にきっと役立ちます。

大事なのは、できあがった喜びを感じながら、自分のペースでスキルを上げていけることだと思います。

現在は洋裁本も活用

型紙を買うやり方で服作りを繰り返していたら、いつの間にか、最初は挫折していた洋裁本からの服作りもできるようになりました。おかげさまで作品の幅も広がってきています。

右も左もわからぬ状態であまりにも手間がかかりすぎ、洋裁本から仕立てた服は１枚作っておしまいになりました。

最初は型紙を買うのが確実

そんな時に見つけたのが、パターンナーさん（型紙を起こすプロの人。以下、型紙屋さん）が営む型紙のネットショップでした。サイズごとに別々の型紙を販売してくれていて、初めから縫いしろもついています。それをハサミで切り取って始められます。

加えて、疑問があれば質問できるのも、型紙屋さんから型紙を買うメリットです。その型紙に向いている生地、

型紙屋さんが販売する型紙

ゆったりしたカーディガン。この時は生地と型紙をセットで購入。お気に入りの生地屋さんだったこともあり、相性はバッチリ

実践編７

わが家の服作り

わが家での服作りの流れをご紹介します。

1 イメージを紙に書き出す

家族４人分、まずはそれぞれの服の「企画書」を書きます。イメージ図を描いて、生地の種類や柄などを決めていきます。

家族それぞれの欲しいものが違うので、書き出して整理することで余計な生地の購入を防いだり、送料を抑えるコツにもなる

2 生地や型紙を選んで材料を揃える

なるべくムダの出ないように生地を選び、材料を揃えます。私は裁断から縫製まで3時間ほどでできることを目安に、型紙を選ぶようにしています。それくらいの時間であれば、朝、少し早起きして子どもたちが寝ている間に作業ができるので、なるべくストレスのないやり方で進めていきます。

3 生地の水通しをし、アイロンをかける

型紙と布地を用意したら、「水通し」という作業をします。これは布地のまま一度水に浸す作業です。布地には水分を含むと縮む性質を持つ素材があるため、この作業によって最初の洗濯で縮んでしまうことを、防ぐことができます。その後は、干してアイロンをかけておきます。

4 生地を裁断する

型紙に沿って生地を裁断し、本体とポケットなどの細かなパーツを、パズルのように組み合わせていきます。

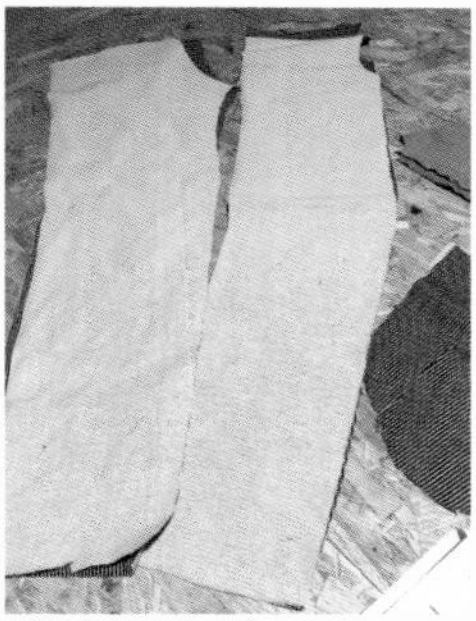

裁断が終わった息子のデニムパンツのパーツ。本体とポケット、ウエスト部と4つのパーツからなる

5 ミシンをかける

仕様書（作り方）を見ながら、パーツごとに縫製をしていく。

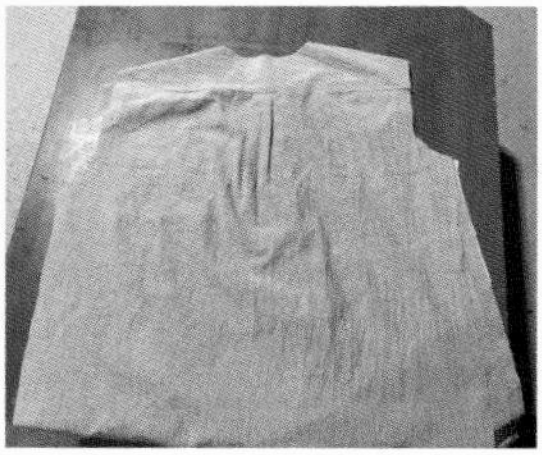

手間がかかるメンズシャツ作りの途中経過。前見頃（シャツの前面）と後ろ見頃（背面）を縫い合わせたところ。ここに襟と袖がつく

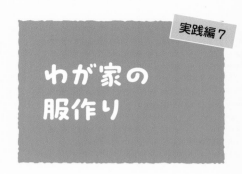

家族の体型に合わせて手足を長くしたり、首周りを詰めたり、そんな調整ができるのも手作りのいいところです。裁断をする前は、パジャマに見えて仕方がなかった（笑）ネル生地のメンズシャツも、仕立て上がったらバチっと決まりました。

おわりに

家族に仕立てる服はお守りみたいなもの。ミシンを踏みながらいつも思います。今日一日、それぞれが元気で過ごせるように、昔のお母さんもそんなふうに思いながら着物を解いて、家族の服を仕立てていたのでしょうね。自分の手で生み出したものに自ら喜びを感じ、それを手渡すことで、誰かを笑顔にすることもできる。そんな手を与えてもらったことに感謝をしながら、これからも手作りを楽しんでいきたいと思います。

一番好きなのはエプロン作り。好きな服を着ながら過ごす日々は、誰に褒められずとも心が弾む

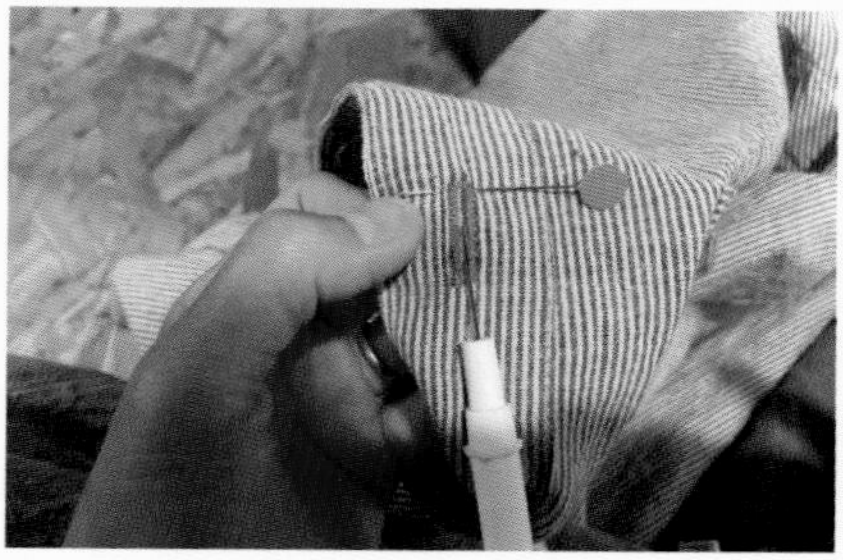

作業の大詰め、ボタンホールを開けているところ

こちらはメンズパンツの途中経過。上が前面側、下が背面側になる。あとは両脇を縫ってウエストをつければできあがり

6 できあがり

これらの作業を通して、できあがったのがこちら。

ネル生地のメンズシャツとメンズパンツのセット

余り）を合わせています。最後に、アイロンシートでくまちゃんを貼ったら既製品のようになりましたよ。家庭用ミシンで縫う場合でも、ミシン針をニット用に変えて、布端《ぬのはし》（生地の端っこ。ほつれてくる部分）はジグザグ縫いにすることで、縫うことができます。

ショートパンツ

こちらのショートパンツは、夫に作ったジーパンの端切れを使って作りました。100サイズくらいまでなら、ズボンでもシャツでも古着から仕立てることができます。120サイズを過ぎると、端切れで仕立てることは難しくなりますが、ショートパンツならパーツが細かいので140サイズでも端切れで仕立てられますよ。

キャミソール

女性用のスカートからキャミソールに作り替えるのもさほど難しくないのでおすすめです。

実践編8

わが家で作った リメイク 子ども服

服を仕立てる場合には、ふつうは生地を買ってそこからパーツを切り取り仕立てていきます。でも、子ども服ならパーツが小さいので、着なくなった大人の服から、仕立てたい服のパーツを切り取ることができます。つまり、子ども服の場合、生地を買わなくてもリメイクで色々作れます。

私が仕立ててきたいくつかをご紹介しますね。

トレーナー

こちらは大人用の大きめのトレーナーを作り替えたもの。フードと袖のリブは、端切れ（以前に使った生地の

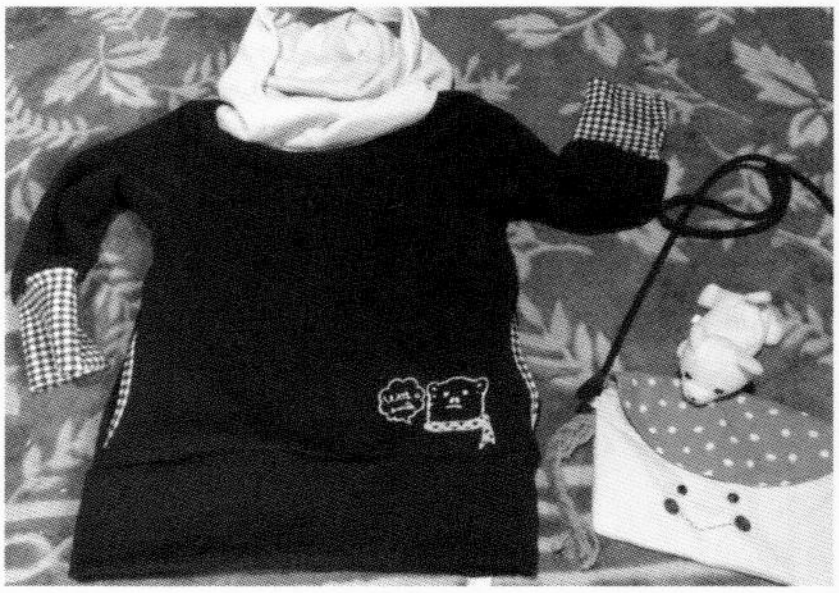

ノースリーブ（左）。こちらのシャツは後ろに２枚、前に１枚を合わせている

リーブにもなるシャツを仕立てています。

人形の衣装

端切れはお人形の服にもなります。こちらは娘の愛するぽぽちゃん人形たちです。

お洋服はぜーんぶ端切れで作った。型紙も見よう見真似だったが、こんなに可愛く仕上がった

キャミソール

子ども用パンツ

Ｔシャツを仕立てたあとの端切れは、子ども用のパンツにもなります。パンツはパーツが細かい分、色んな端切れを組み合わせて使えます。

女の子用も同じように仕立てることができますよ。

ノースリーブ

お次は、自分用に仕立てたもの。端切れのなかから、柔らかい生地を3種類ほど組み合わせて、肌着にもノース

実践編9

石けんを手作りする

石けんを手作りするきっかけになったのは、タイのパーマカルチャー・ファームでの暮らしです。ここのシャワールームでは、苛性ソーダ（水酸化ナトリウム）と油で作ったシンプルな石けんを使っていました。

このシャワールームから出る排水は、そのまま山のなかへ流れていくのですが、その排水の流れる道筋でも、野草たちがしっかりと育っていたんです。石油からではなく、自然由来のもので石けんを作るよさを感じました。

帰国後、知り合いのお店から廃油を分けてもらい、石けんを作るようになりました。

手ごね石けんを作る

石けんを手作りする場合、普通は苛性ソーダを使いますが、この苛性ソーダは劇物に指定されており、事故のないよう細心の注意を払う必要があります。

もっと簡単にできるのが「手ごね石けん」です。この方法は、安全な「石けん素地（石けんの素）」を使いますので、お子さんと一緒に作ることもできて、とても楽しいと思いますよ。その作り方をご紹介します。

用意するもの

石けん素地*… 50g
ハチミツ … 小さじ1
炭粉末**… 小さじ1～2（お好みで）
水 … 15g
保存用袋

*「石けん素地」は、アロマを扱うお店などで購入できる

**「米ぬか石けん」の場合は、米ぬか小さじ2程度、「ヨモギ石けん」の場合は乾燥ヨモギ1gに水を入れて沸かし、ヨモギ茶にしておく

材料。左が石けん素地

作り方

1 石けん素地と、米ぬか（または炭）を保存用袋に入れ、振って混ぜる。

2 1に、水分とハチミツを入れて混ぜる（ヨモギ石けんはヨモギ茶と石けん素地を混ぜる）。

米ぬか石けん（左）とヨモギ石けん（右）

思います。

それと、暮らしのなかにまた少ーし楽しみが増えることも醍醐味です。どんなものを作ろうか考えることも、子どもたちと手を動かすことも、お風呂でワイワイ使うことも、全てがとっても楽しいです。

皆さんの暮らしのなかにもワクワクする時間が増えますように。

3 混ぜ混ぜ、こねこねを5分ほどしたら袋から取り出して、好きな形を作る。もし、袋から出す時に硬くてまだボソボソしているようならば、少し水を追加してこねる。

4 形ができたらクッキングシートなどの上に置いて、3日から5日ほど乾燥させてできあがり（直後は水分が多く柔らかいので、乾燥させて溶けにくくするため）。

おわりに

自分の暮らしの一部を手作りしてみると、当たり前に使っていた頃とは違う視点が生まれます。石けんと環境のことを自分ごとのように考えるきっかけになったりもして、そんないつもと違う自分の視点を、とてもおもしろく

苛性ソーダで作る石けん

わが家で洗濯や入浴などに使う石けんは、おもに苛性ソーダで作った石けんです。苛性ソーダの取り扱いに細心の注意が必要ですが、ドクダミなどの山野草やシラカバの樹液、シナモン、酒粕を使うなど、独自にアレンジして楽しんでいます。入浴用石けんは肌に触れるものなので、酸化した廃油ではなく未使用のオリーブオイルを使っています。

洗濯・台所用石けん。近所の定食屋さんからもらってきた廃油で作っている

入浴用石けん。ヨモギ、ドクダミなどの野草、牛乳、樹液などを生かして、実験を兼ねて少量ずつ仕込んでいる

第4部

お金と教育を考える

第13章 労働の対価としてもらう米

手伝いに行っている農家の田んぼ。お米ができる姿に感動!

自給自足の暮らしをしていて、よく聞かれるのがお金のことです。「生活費はいくらくらいかかるの?」「収入源は?」「食費は何とかなるとしても、保険とか税金はどうしてるの?」など、様々なご質問をいただきます。

そこでこの章と次の章では、生きていくうえで切っても切り離せない、お金のことについてお話しします。

手伝いに行った農家との縁

原発事故をきっかけに、食に対する安全を意識するようになったわが家。知り合いの紹介で、2012年からお米は無農薬米・低農薬米を作っている農家と契約し、直接購入しています。

その後2015年、タイのパーマカルチャー・ファームに行って(プロローグ、第15章参照)、オーナーのサンドットさんから聞いた、印象に残っている言葉があります。

「Work for food, not for money」

直訳すると、「お金のためではなく、食べ物のために働く」ということになりますが、話の前後を考慮するとサンドットさんが伝えてくれたことは、こういうことです。

「食べることができれば生きられる。食べるためだけの労働量は、実はそんなに多くはない。だから私たちは、働き過ぎることもなく、のんびり暮らせて幸せなんだ。でも都会の人たちは、お金のために働く。お金のために働くと、働き過ぎて、忙しくなりすぎるよね」

なるほどと思ったぼくは、日本でも「Work for food」を実践できないかなぁ、と考えるようになりました。

時が過ぎて２０１７年。人手が足りなくて困っている農家がいるから手伝ってみませんか、という紹介をいただきました。農家を手伝って、代わりにハネ品の野菜などをもらえたらWork for food の実践になるかも。そう考えて、すぐに手伝わせてもらうことにしました。

すると、驚いたことにその農家は、うちが米を購入している方だったのです。「こんな偶然があるのか!?」。本当に驚き、いいご縁を感じました。

週に1度、8時間労働でお米をいただく

農家の「お手伝い」と言っても、実際には労賃をいただくアルバイトです。毎年、雪に閉ざされていない４～11月の間、週に１度だけ行って、約８時間作業を手伝っています。ひと月に４～５回、１年間では35回ほどの労働をしていることになります。

労賃はひと月で約４万円、年間では約30万円です。

一方で、この農家から購入するお米は２０２０年実績で年間２８０kg、約13万円分でした。ほかにダイコンやニンジン、カボチャなどの野菜を買っています（ありがたいことに、タダでもらえることもよくあります）。

このようにお金のやり取りはありますが、ぼくとしては「Work for food」のつもり。つまり、農家にお手伝いに行き、代わりに米や野菜をいただく、という意識です。

また休憩時間には、30年以上も無農薬・無化学肥料で野菜を育ててきた親方から、土のこと、微生物のこと、食べ物のこと、社会のことなど話を聞くことができるのも、ぼくにとってはありがたい報酬となっています。

農家にお手伝いに行くようになって、ぼくや家族のなかで、食に対する意識の変化がありました。ご飯を食べている時に田んぼの情景を思い出し、野菜を食べながら、家族に農家の苦労を伝えることができる。農作物の背景にどれだけの大変な作業や、自然の奇跡的な営みがあるのかを知ることで、食べることに対する感謝や感動が、それまで以上にダイレクトに感じられるようになりました。

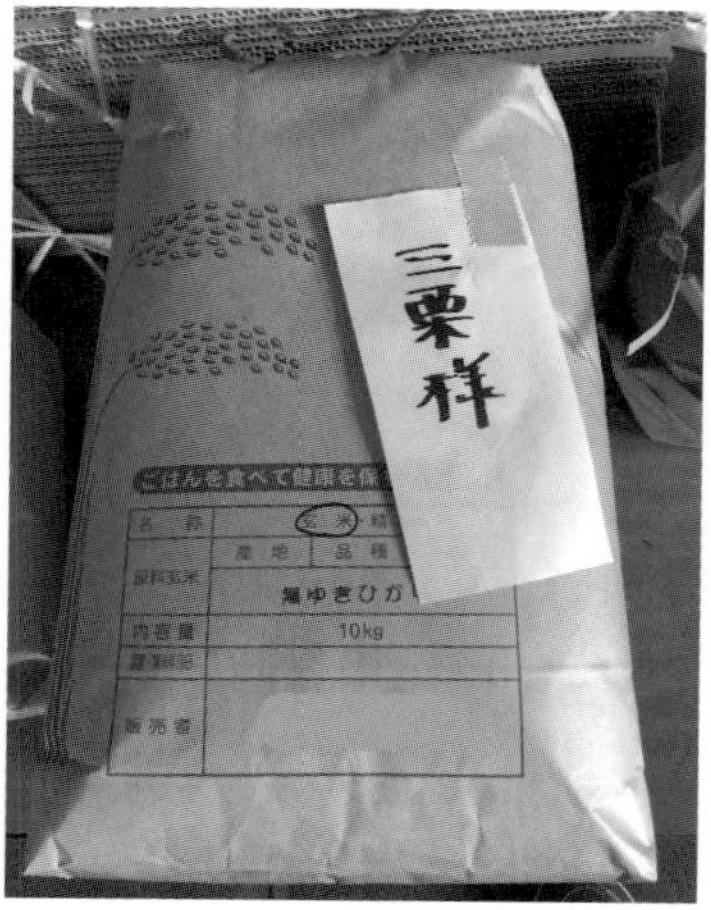

手伝いに行く農家から年間300kg近くのお米を買う

非農家出身のぼくにとって、田植えも初めての経験だった

イネの生育が気になるなど、田んぼを見る目も変わった

10日に1日働けば食費は賄える

農家の手伝いをすることで得られることはたくさんあります。でも、ここで改めて労働と食費について、単純に金額ベースで整理してみます。

まず、お手伝いで得られるのが年間約30万円。そして農家さんから購入するお米や野菜が約15万円。肉や魚、乳製品や乾物などはスーパーで購入していますが、それに年間約15万円かかっています。トータルすると、年間の食費もちょうど約30万円（2020年実績）です。

つまり、食べるためだけに働くのは、365日のうち35日程度ということがわかりました。「食うために働く」という言葉もありますが、文字通り食費のためだけに働くのは、わが家の場合、10日に1日程度でいいということがわかりました。

冬野菜を大量にもらったり
買ったり

教えてもらった方法で土
に埋めたところ、100日
以上保存できた

支出が少ない
自給自足の暮らし

そうは言っても、「必要なのは食費だけじゃないだろ!?」というツッコミが聞こえてきそうです。ですから、わが家の支出についてもご紹介しておきます。

自給自足の暮らしですから、やはり全体的に、出費は少なく済んでいます。例えば２０２０年、最も少ない時で６月の出費は約５万円でした。

わが家の１カ月の支出
（2020年6月）

医療費	：	7,400円
通信費	：	7,000円
食費	：	6,800円
交通費	：	6,700円
保険・税金等	：	5,200円
教育費	：	5,000円
娯楽費	：	3,200円
家庭菜園	：	3,200円
住居費	：	1,700円
日用品費	：	1,300円
光熱費	：	1,200円
交際費	：	600円
被服費	：	0円
合計	**：**	**49,300円**

内訳は表の通りです。例えば保険・税金等は一般家庭より少ないと思います。国民保険や住民税などは、収入に応じて決まります。この時のわが家は収入が少なかったので、それらは減免されていました。住居費もわずかです。60万円で購入したプレハブマイホームに住んでいるため（第1章）、必要なのは家を修繕・改善するためのＤＩＹ費用のみであることが、その理由です。

冷蔵庫や炊飯器を使っていないため、光熱費もあまりかかりません（第6章）。娯楽費もそれほど必要ありません。自給自足の日々の暮らし自体が、自分たちにとっては娯楽ですから（第16章およびエピローグの「遊暮働《ゆうぼどう》学《がく》を目指して」を参照）。妻の趣味で、服はほぼ手作り。被服費も生地・型紙の代金を除けばゼロです。

とは言っても、食費以外の出費を賄うため、もちろん現金収入も必要です。それについては、次章で紹介したいと思います。

第14章 現金収入と人生の安定

ラジオやテレビの出演料も収入になる（写真は、FM北海道AIR-Gに呼ばれた時のもの）

前章は、わが家の支出と食べるための労働（Work for food）について紹介しました。この章では、ぼくの現金収入について、２０２０年前後の状況をもとにお話ししたいと思います。

1年間の現金収入は94万円

自給自足生活と言うと「無職」だと思われがちですが、ぼくは個人事業主で、開業届も出しています。屋号は「パーマカルチャー研究所」です。

と言っても、何かを作って売っているわけではありません。おもな業務内容は、パーマカルチャーに関する情報をブログで発信すること。ブログを見て興味を持ってくれた人向けにオンライン講座や講演会を開いて、パーマカルチャーを教えることです。パーマカルチャー研究所（つまりわが家）の見学、暮らし体験も受け付けていて、いずれも有料です。さらに最近は、ブログを収入に結び付ける方法や在宅ワークのやり方を教えることも収入に結び付いています。

例えば２０１９年の収入は、94万円でした（内訳は次ページ）。前章で紹介した通り、おかげで２０２０年の国民健康保険料は7割減、年金・住民税は免除でした。

2019年の年間収入	
オンライン講座	63万円
わが家の見学・体験料	4万円
講演料	3万円
妻の手作り服販売	1万円
農家のお手伝い	23万円
合計	**94万円**

収入の安定か人生の安定か

「えーっ、そんな収入で大丈夫!?」「収入が不安定だと、不安でしょ?」と、心配されることもあります。

一言でいえば「大丈夫」です。勤めを辞めて9年たちますが、ちゃんと暮らせています。ただ、誰もが同じように大丈夫と感じるわけではないかもしれません。それには、「収入の安定」と「人生の安定」との違いを考える必要があります。

この暮らしをする以前の、普通に勤めていた頃のぼくは、収入「だけ」が安定していて、人生は不安定でした。対して今のぼくは、収入「だけ」が不安定ではあるものの、人生は極めて安定している。そんな感覚を持っています。

「人生の安定」には、①家族、②時間、③体の健康、④心の健康、⑤仕事、⑥お金、の六つの要素があると考えています。「幸せの要素」と言い換えてもいいかもしれません。考えようによっては、お金は六つの要素の一つに過ぎません。しかし、それが全てであるかのように重要視されているのは、六つのうち、お金だけが数値化できて、人と比較することができるからだと思います。

幸福感には「相対的幸福感」と「絶対的幸福感」があると思います。周りと比べてどうか、と言うのが相対的幸福感。家族関係や時間的ゆとり、心身の健康などは他人と比べにくいため、明確に比較できる指標として、年収が最優先にされるのかも知れません。昔のぼくも、そんな生き方をしていました。

対して「絶対的幸福感」とは、自分自身が感じる幸福感であり、他人と比べるものではありません。家族仲がよく、自分のための時間が十分にあって、心身ともに健康で、好きな仕事をしていて、生活にも困っていない。多くの人は、そんな状況を本当の幸せと感じるのではないでしょうか。お金は、生活に困らない程度にあればいいはずです。

小屋作りワークショップのようす

パーマカルチャー講座3泊4日コース（宿泊食事代込みで12万8000円）にスイスから来てくれた受講生。木工実習や、妻が講師の醤油作り、クルミのアクセサリー作りなどを体験してもらった（2018年）

欲しいものは買える、旅行にも行ける

年収94万円は少な過ぎるというのが一般的な意見かも知れませんが、少なくとも2021年現在のぼくの感覚としては「必要なお金」はあります。食費や医療費、光熱費や教育費が払えず困ったことはありませんし、欲しいものもほぼ全て買えているからです。

そもそも、この暮らしをするようになって、物欲が極端に少なくなったように思います。欲しいものと言えば、電動工具やチェーンソー、刈り払い機やメンテナンス用品など実用品ばかり。それらはホームセンターに行けば、手頃な値段で手に入ります。

家族での温泉旅行も好きですが、時間が自由にとれるので、平日や閑散期など安い時期を狙って行けます。おかげで、娯楽を我慢しているという感覚はありません。むしろ、けっこう自由に行っています。

欲しいけどまだ買えないのは電気自動車です。太陽光発電で自動車を充電して、毎日の車移動にかかるコストやCO^2排出量をゼロにしたい。そんな想いはありますが、電気自動車がないからといって、特に困っているわけでもありません。

お金も自給する暮らし

最初に紹介した通り、わが家の収入は基本的にパソコン1台が出発点になります。もっと必要であれば、その分パソコン作業を頑張ればいいという考えもあります。事実、工夫してブログを更新し続けた２０２０年は、コロナ禍の影響もあってか、アクセス数が増えて広告収入やオンライン講座の受講者さんも増えました。「コロナで生きることの本質を考え始め、このブログにたどり着きました」といった方も多くいらっしゃいます。

最近はＹｏｕＴｕｂｅやブログ、菜園教室など農業以外で収入を得る農家も増えてきたと思います。何かを作って売るわけではなく、自分の暮らしや技術を発信することで収入を得る。言ってみれば「お金の自給」という感覚に近いかもしれません。

勤め時代に比べれば、わが家の収入は確かに不安定です。それでもぼくが日々、感じているのは不安ではありません。自然のなかに住む感動と心地よさ、小鳥のさえずりで目が覚める幸福感、今日やることでワクワクする朝。とても安定した幸せを感じています。この暮らしを始めて、本当によかったなと思っています。

＊パーマカルチャー研究所ではオフグリッド生活実習も行なう。例えば「野草摘み」「熊笹茶作り」「焚き火でご飯」「電動工具の使い方」「太陽光発電システム」「薪ストーブ」などのプログラムがある。

パーマカルチャー有料講座の一例

・パーマカルチャー３つの倫理
・ライフスタイルの変え方
・自立的暮らしと依存的暮らし（お金、食べ物、情報）
・今すぐ始めるパーマカルチャー（遊《ゆう》暮《ぼ》働《どう》学《がく》と半農半X）
・これからの学び（子どもの居場所、大人の体験学習）
・タイの山岳地帯での自給的暮らし
・パーマカルチャー人生プランの作成

（注）この章は『現代農業』２０２１年12月号に掲載された原稿を再編集しています。２０２４年現在は、収入も増え、講座なども値上げしています。

第15章　旅から学ぶ

タイのバスターミナル。日が沈む前に今夜の寝床に着かねばならない

プロローグでもお伝えしましたが、わが家はタイの山奥のパーマカルチャー・ファームに、５年間でトータル３００日以上、滞在しました。これらの旅は、用意されたツアーではなく、自分で旅程を組み立てて全てを自分で決める旅でしたので、色々なトラブルとともに、様々な学びと経験を得ることができました。ここでは、そんな旅から得た「生き抜く力」について、考えてみたいと思います。

旅で身についた三つの「生き抜く力」

ぼくが旅で身についたと感じた、三つの「生き抜く力」を紹介します。

①ピンチに対応する力

海外の旅では、トラブルがないほうが珍しいぐらい、頻繁にトラブルに遭遇します。

ある時、次の目的地に行くのにバスを待っていましたが、数時間待ってもバスが来ませんでした。これはおかしいと思い、周りの人に聞きたいのですが、田舎町のため、タイ語しか通じません。

普段、見知らぬ人に話しかけるのが苦手なぼくでしたが、さすがに子どもを連れて野宿をするわけにはいかず、勇気を出して現地の人に話しかけました。

水道管の修理は日常茶飯時。ライフラインの恩恵が感じられる暮らしだった

水源地。水道管の入り口に詰まりがちな落ち葉の掃除も大切な仕事

身振り手振りを交えながら、何とかコミュニケーションをとってわかったのが、その日はバスが来ない日であり、移動するならヒッチハイクしかない、とのこと。ヒッチハイクをすることも苦手でできればやりたくありませんが、このまま日没を迎えれば、子連れでの野宿が確定します。

ですからこれまた苦手などと言っている場合ではなく、勇気を出して必死の思いでヒッチハイクをし、何とか次の目的地に到着、無事にホテルにたどり着きました。

②今ある幸せを感じられる力

ぼくたち一家が滞在させてもらったある場所は、電気・ガス・水道など、公共のライフラインがありません。水道は、山の湧き水を、２㎞ほど自分たちで配管して引っ張ってきたものです。

乾季で水源の水が涸れる、配管がネズミにかじられて破損するなど、たびたび断水に見舞われ、そのたびに山に入ってトラブルに対応していました。

ガスもないので、火を使うためには、常に山から薪を拾い集めて、ストックしておかなくてはいけません。

電気も、限られた太陽光発電を使って、最低限必要な照明などだけを賄う生活でした。

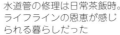

子どもたちも遊びながら、薪集めをしてくれた

畑作業や食事をしながら、色々な文化や考えに触れることができた

日本では、なぜか、普通に暮らしていても様々な不安がつきまとっています。

しかし、こうした経験をして帰国すると、電気・ガス・水道のある日本の当たり前の暮らしが、いかにありがたいことかがわかり、ただ普通に生きているだけで幸せを感じられるようになりました。

すると、以前には感じていた様々な不安を感じることが少なくなり、ただ生きていることを感謝できるようになりました。

③「他人軸」でなく「自分軸」で考える力

日本では、何かが起こると、「みんなはどうするかなぁ」「普通はどうするだろう」「こうするのが常識的だよね」といった判断で行動を決めることが多いと思います。

これは、「他人軸」で判断をするということであり、どうしても受け身になってしまいます。

でも海外では、「What's your idea?（あなたはどう思うの?）」と意見を求められることも多く、時には激しい議論も起こります。こうした環境にいると、「自分は本当はどうしたいのか」と、「自分軸」で考える習慣が身につきます。

そんな経験をして日本に戻ってきてからは、周りの意見やインターネットの情報に右往左往することなく、自らの意思で判断や行動ができるようになったと感じています。

妻にとっての学び

妻の沙恵です。家族で旅をして感じたことをシェアさせていただきます。

①助け合う力

タイへの旅は、私たち家族にとってそれまでで最も大きい挑戦でした。バンコクから丸一日、バスに揺られていくつもの山を越えていく旅です。

英語すら通じなくなっていく不安。メールでのやり取りだけで目的地を目指します。

大人の不安も丸見えのなか、子どもたちはついてきます。

家族で団結して一つずつ超えていくことを余儀なくされた経験でした。

でも、本当に助け合うことが必要な場面では、どんなに小さくても立派に、家族のなかでの役割をこなしてくれます。お互いの心の揺れを感じ、それに寄り添いながらそれぞれができることを見つけていくんだと目の当たりにした瞬間がたくさんありました。

そうして少しずつ目的地へ。着いた途端、子どもたちにも心からの感謝が溢れます。「ありがとう」という言葉が家族のなかにたくさん飛び交うようになったのも、こんな時間の積み重ね。旅は頑張った成果もすぐに見せてくれます。

隣国に行った時のこと。歩いて国境を越える緊張感も子どもたちのおかげで緩んだ

覚悟と決断と、行動でしか前に進めないけれど、そう

「みんなで食べる」ことで、その地域の文化や人の温かさを感じることができる

してたどり着いた目的地で安堵しながら、自分を讃え、家族一人一人を讃えます。そしてその力強さを目の当たりにし、私のこれからの人生は「きっと、大丈夫」、わが子を見て「あなたも、大丈夫」、と自分自身や家族に対する信頼感が深まっていきます。

家族は一番小さな集団。それは、小さな小さな村とも言えます。何かが起きても、家族全員が不安になるということって意外に少なくて、希望を見出せた人が、落ち込んだ人を救い出してくれます。大人とか子どもとか関係なく、人は誰かに支えてもらいながら生きているんだと、家族で困難を超えてみて知ることができます。

そうすると時折訪れる困難な場面でも、そこを超えるまで頑張ることができます。大事な力をこの旅でつけてきたなあって思っています。

②子どもを信じる力

そんなふうに子どもを何度も静かに観察してきた今は、こんな時この子はどうするだろうなって考え、信じることができます。子どもを信じるということは、大人の側が先回りして手出しをすることなく、ただ観察し、その子がどういう人間かを知っていくことでついていく力だと私は思います。家族で共に過ごした時間は、ぶつかり、笑い、困難を超える作業がたびたびありました。でも、この世に生まれ出て一番初めの小さな集団である家族を、まずは大事にできることから、優しさは広がり始めると思います。

子どもが小さいうちに、そこに時間をかけられてよかったと今は思います。

わが家はそろそろ子どもたちの巣立ちを迎えようとしています。家族という小さな集団で生きるなかで培った

息子が割ってしまった窓。窓枠を外して代わりに板をはめて、自分で修理した

優しさや知恵を、社会という大きな世界で使っていく時。

あっという間の十数年でしたが、思う存分一緒に過ごし、子どもたちの優しさにも触れてきたので、「あなたなら大丈夫」と、わずかな心配はそっとしまって送り出せそうです。「子離れする」って、わが子を信じて送り出せるということなのだろうなあとやんわりと感じています。さあ、もう少し、一つ屋根の下にいられる時間を楽しもう、そう思っています。

村の子どもたちの「生き抜く力」への憧れ

タイに滞在中、息子がカニ捕りに挑戦しました。乾季の沼で楽しそうにカニ捕りをしていた村の子たちと一緒に遊んだけれど、自分だけ怖くて手を入れることができなかったのが悔しかったそうです。

村の子たちが木登りをして果物を採ったり、魚を捕る、そんなしなやかさがかっこいいと思ったそうです。

恐る恐る、でも覚悟を決めてカニ穴に手を入れて探し、捕まえた時の感動。2、3回挑戦したら、そのまま楽しさが勝り、ファームのみんなに振る舞えるだけ集めました。

今度はそれを下処理し、調理。村の子たちをしっかり見ていたようで、スーッと流れるように下処理を済ませて、火起こしをして調理を終えました。生きる力を持った人たちに対する憧れは人としての本能なのでしょうか。息子は今でも忘れないとても大きな経験をしました。

そしてそんな息子から私たちも、生きる力や日々の安心感について考えるきっかけをもらいました。

タイの村での息子の体験

1 カニ捕りに挑戦する息子。一度怖さを超えたら、次々にカニを捕まえた

2 地元の子たちの真似をして、とったカニを洗ってさばく息子

3 最後は油で素揚げ。自分で獲物を捕まえて食べるまでを村の子たちに学んだ、大切な経験になった

＊

以上、家族で行った海外長期滞在から得た「生き抜く力」という学びを紹介させていただきました。数々のトラブルとともに得た海外での経験は、現在の山暮らしという挑戦に、大きく役立っています。

長期滞在ではなくとも、イチから自分で手配する海外への旅では、決断力・行動力が身につきます。そしてそれは、今後豊かに生きていくための「生き抜く力」になると考えています。

機会がありましたら、挑戦してみるとおもしろいですよ。

第16章 暮らしから学ぶ

大人の本物の道具を手にして真剣に遊ぶ子ども

「自給自足だと、学校とかはどうするの?」。そんな質問をいただくこともありますが、学校は歩いて通える距離にあります。でも、山暮らしをしていると、教育や子育てについても、色々なことを考えますので、この章では、そんな「教育と子育ての自給」についてお話しさせていただきます。

生きる力と生き抜く力

教育と言えば、まずは学校が思い浮かびますよね。

学校教育のカリキュラムの基準として、文部科学省では「学習指導要領」というものが定められており、そこには「生きる力」というキーワードがあります。

生きる力とは何か。改めて考えると難しい気がしますが、ぼくは今の山暮らしをするまでは、「生きる力＝お金を稼ぐ力」のような気がしていました。

生きていくにはお金が必要で、やっぱりその額は、たくさんあったほうがいい。お金をたくさん得るためには、いい会社に入らなきゃいけない。いい会社に入るためには、いい大学に行かなければいけない。いい大学に行くためには、いい高校に行かなければ。いい高校に行くためには、いい中学、いい小学校、いい幼稚園…?

ぼくは北海道に住んでいたので、中学までは普通の公立の学校に通っていましたが、首都圏などに住んでいると、幼稚園から「お受験」があるという話も聞きます。

そうしていい会社に入ったとしても、今度は朝から晩まで働かなければいけない。いつしか、家族を守る、養うための仕事が、家族を犠牲にして仕事をしている自分に気がつき、これはどうしたらいいものかと思い悩みました。

おかしい。一生懸命勉強して、いい高校、いい大学、いい会社に入ったはずなのに…。

けっこうちゃんと「勉強」してきたはずなのに…。

何かが根本的に違う気がする…

そんな紆余曲折もあり、ぼくは勤めの仕事を辞めて、タイのパーマカルチャー・ファームに家族で長期滞在することにしました。

この、自給自足の暮らしをするファームに来た時、日本とは根本的に生き方が違うと感じました。

タイには子どもたちも一緒に行っていたこともあり、ぼくたち家族は毎週金曜日、全児童15人程度の、村の小さな学校を訪問させてもらっていました。

そこでは、簡単な掛け算ができない中学生がいるなど、お世辞にも学力が高いとは言えない状況でした。

「日本の学力はトップ水準」と聞くこともありますが、確かに日本の学力は高いのかも知れない、そんなことも思いました。

でも彼らは、ぼくたち日本人にはない、こんな能力を持っていました。

- 14歳にして小屋を自分で建てられる。
- 畑作りの授業では、指示がないのに、生徒全員で協力しながら次々と畑を耕していく。
- その授業で、7歳の少女が、自ら近所の養豚場に行って、畑の栄養になる豚のフンをバケツいっぱいにもらってくる。
- タイ語の通じないうちの子どもたちにも、積極的に話しかけて、自分たちの遊びに誘う高いコミュニケーション能力。
- 沼に入ってカニを捕ってきて、それを自分たちで火起こしして、調理して食べる。

ぼくは彼らの「生き抜く力」の高さに、感動しました。

タイの村での彼らのライフスタイルは、ただ暮らしているだけ。ですが、家や食べ物など、暮らしに必要なモノは自ら作り出していました。

タイでの暮らしから

沼で釣った魚を自らさばいてご馳走してくれた中学生

みんなの手も借りつつ、家族で建てたわが家

茅葺き屋根も村のお母さんたちが一つずつ編んでくれたもの

息子が数カ月通った村の学校。思春期の子でも人懐っこい笑顔を向けてくれるのが印象的

タイの子どもたちは、そんな日々の暮らしから、この「生き抜く力」を身につけていたのでしょう。日本が、必要なモノを「買う暮らし」だとすれば、そのタイの村では、必要なモノを「作る暮らし」をしていたのです。

遊《ゆう》暮《ぼ》働《どう》学《がく》のライフスタイル

彼らは日々、ただ暮らしていました。でも同時に、暮らし自体を、遊ぶように楽しんでもいました。同時に、暮らしのなかで働いてもいましたし、さらには同時に「生き抜く力」を学んでもいました。

遊び、働き、学びが、暮らしと完全に一体化していたのです。

例えば、彼らは、木や竹や草から、家を自分たちで建ててしまいます。暮らしに必要な「家作り」という働き（仕事）。それ自体が、みんなでやる遊びのように楽しくもあり、同時に家の

大人の真似をしてもみ殻運びを手伝う娘

作り方を学ぶことにもつながっていました。

そこでこうした暮らしを表す端的な言葉を考え、遊び、暮らし、働き、学びの字を取って、「遊《ゆう》暮《ぼ》働学《どうがく》」と表現することにしました。

暮らしのなかでの学び

日本での買う暮らしに対し、タイでの作る暮らし、遊暮働学。

もちろん、全てを作る暮らしにはできませんし、お金を使わずに生きることは、不可能です。

でも、暮らしの一部分だけ、例えばご飯を作るという小さな部分からでも、遊暮働学を実践することはできるでしょう。その「作る範囲」を少しずつ広げていけば、暮らしのなかの遊暮働学の割合を増やすことはできます。

考えてみると、暮らしを作るという意味では、家事と言われる、

- 炊事（料理）
- 洗濯
- 掃除・片づけ

も、立派な遊暮働学です。

家事代行という形でお金を払って依頼できることを、自分でやっているからです。

そう考えると、遊暮働学していない人はいない、とも言えるでしょう。

わが家はそれに加えて、自給自足の山暮らしをしていますので、

- 畑仕事
- 家や電気・水道のメンテナンス
- 梅干し作り
- 漬け物作り
- 薪作り
- ニワトリの世話

家族で薪作り作業

雨漏り防止のペンキ塗りを
手伝ってくれた娘

●薪運び
●雪かき
などなども、遊暮働学の要素として入ってきています。

遊暮働学は教育・子育ての自給

このように、暮らしのなかで家事をすることは、「作る暮らし」、遊暮働学の第一歩です。普段やっている家事を、
●子どもと一緒にやる。
●子どもにお願いする。
ことは、遊暮働学という「教育・子育ての自給」になるのではないでしょうか。

子どもがうまくできない場合には、教えたり、一緒にやってあげれば、親子のコミュニケーションにもなります。自分でやってみることで、家事の「ありがたみ」を感じるようにもなるでしょう。

子どもは、いずれ大人になって家を出ていきます。その時初めて、家事をする必要に迫られ、アタフタするかも知れません。

それよりは、小さいうちから、一緒に家事をするという遊暮働学の実践が、子どもの「生き抜く力」になるのではないでしょうか。

エピローグ　遊《ゆう》暮《ぼ》働《どう》学《がく》を目指して

わが家の自給自足の暮らしは、いかがだったでしょうか。こんな暮らしをしていると、よく聞かれる質問があります。

「どうして自給自足を始めようと思ったのですか？」

これに対する答えはいくつかあるのですが、大きな理由の一つに、会社勤めが極度に苦手だったから、ということが挙げられます。もっと言うと、幼稚園・小学校の頃から集団が苦手でした。でも、生きていくためには、お金が必要。お金を稼ぐためには、会社に勤めて集団に属することが必要。それは、定年までずっと苦手な集団生活をすることを意味します。ぼくは幼稚園の頃から、この集団に所属しなければいけないことに、大きな絶望を感じていました。

そんななか、転機が訪れたのは、たまたま訪れたタイのパーマカルチャー・ファームでした。それまで、お金がないと生きていけない、暮らしはお金で買うものと思っていましたが、このファームで知ったのは、暮らしを自らの手で作り出すという、自給自足の生き方でした。この生き方に、ぼくはこれまで抱いていた「集団が苦手」という人生の悩みを解決するような、大きな希望を抱きました。

そこで函館高専の教員を辞めた後は、「パーマカルチャー研究所」を立ち上げて、自給自足の暮らしをすること、それ自体を仕事にすることにしました。

そうは言っても、小さい頃はサラリーマン家庭のマンション暮らしでしたし、大学を卒業後も、普通のサラリーマンでした。ですから、自然に触れるような暮らしも、暮らしに必要なものを手作りしたことも、ほとんどありません。

全ては、手探りでした。唯一知識があったのは、専門分野の電気だけ。でも、こうして何とか自給自足の暮らしをできている理由は、直接暮らしを手作りすることで、苦手な会社勤めから卒業できる！　と言う大きな希望を抱いたからでした。そして、やってみたら楽しいし、一つ何かができるようになるたび、生きる力がレベルアップする喜びがあったからでした。子どもは将来のために、いい高校、いい大学、いい会社を目指して、勉強すべき。大人になったら、お金のために、我慢して会社に勤めるべき。

学校も会社もストレスがたまるから、たまの休みはストレスを発散させるために、パーっと外に遊びに行って、またお金を使う。そして日曜夜には、「サザエさん」を見ながら月曜から始まる学校、仕事を思って憂鬱になる…そんな日々を、ずっと送ってきました。

でも、タイのパーマカルチャー・ファームは違いました。そこでは彼らは、毎日ただ暮らしているだけでした。暮らしにお金がかかるから、そのために我慢して会社に行って仕事をするのではありません。

食べ物が必要だから、食べ物を作る。水が必要だから、山から水を引いてくる。寝る場所が必要だから、木や竹で家を作る。夜の明かりが欲しいから、太陽光発電のシステムを作る。煮炊きに必要だから、山から薪を取ってくる。お金で買うものだと思っていた暮らしを、ここでは自分たちで作っていました。

ぼくはこの暮らし方に感動し、こういうライフスタイルを、「遊暮働学《ゆうぼどうがく》」と四字熟語で表現することにしました（第16章参照）。それ以来、遊暮働学のライフスタイルは、ぼくの究極の目標になりました。暮らし自体が仕事でもありますから、理想的には、ただ暮らしていれば、暮らしが回る。そんなライフスタイルです。

でも、

「そうは言っても現実的に、お金はどうするの？　さすがに、ゼロというわけにはいかないでしょ？」

という疑問が湧くと思います。

それに対するぼくの答えは、こうです。

「余ったものを売る」

パーマカルチャーには、三つの倫理というものがあります。

1．地球への配慮

2．人への配慮

3．分かち合い

この三つ目の「分かち合い」に、その答えがあると考えています。

暮らしのなかの仕事は、大きく分けてこの三つに分けられます。

・嫌いまたは苦手で、できないこと

・それなりに何とかできること

・好きまたは得意で、他人の分までできてしまうこと

3点目の、他人の分までできてしまうこと。これを提供することで、お金をもらえばいいと考えます。

ぼくは、複雑な物事について、考えたりまとめたり、伝えたりすることが、好

きで得意です。ですから、自給自足で得た知恵を、同じように自給自足をしたい人たちに教え伝えることで、収入を得ています。120ページでは、2019年の収入を紹介しましたが、あれから5年たった今は、おかげさまで、会社員レベルの収入を得られています。2023年には、事業を法人化して、株式会社パーマカルチャー研究所という会社も作りました。

自給自足は、お金がない、使えないというイメージがあるかも知れません。実際、自給自足の暮らしになって、支出は会社員時代の半分程度になりました。でも、ちゃんと収入もあるので、お金を使えないわけではありません。必要な時には、特に躊躇することなく、使っています。支出は少なく、収入は会社員レベルで得られていますので、お金にはあまり困ってはいません。今は、そんな「自給自足でセミリタイア」状態を実現できています。

普段の暮らしは、作る暮らしで支出が少ない。でも必要な時には、お金を使うこともできる。

収入源は、自分の好きで得意なことを、人の分までやってあげること。直接、相手の役に立つことで、感謝されながらお金もいただける。そんな仕事の作り方は、『自給自足でセミリタイア２ 仕事の自給編』にまとめてあります。これは、Ａｍａｚｏｎで販売していますので、興味のある方はお読みください。

集団生活が苦手で、小さい頃からずっと学校、会社に行くことが苦手だった若い頃の自分に、こんな生き方があるよと教えてあげたい。本書は、そんな気持ちで書かせていただきました。生きることに行き詰まりを感じている方にとって、少しでもヒントになりましたら、幸いです。

自給自足に興味があるけど、何をしていいかわからない。そんな人は、いきなり小屋を作るような、大きなことをする必要はありません。

・ベランダで、育ててみたい野菜を一つだけ育ててみる
・気になっていた味噌作り講座に参加してみる
・A４サイズの小さな太陽光発電を買ってみる

そんな、今すぐできる、小さな遊暮働学を始めてみませんか？　一つでもやってみると、「作る暮らし」の楽しさがわかり、色々なことに挑戦したくなって、気がついたら自給自足の暮らしが実現していた、そんなことになるかも知れませんよ。

ぜひ、ぼくたちと一緒に、遊暮働学の暮らしを楽しんでいきましょう。

著者略歴

三栗　祐己（みつくり　ゆうき）

自給自足の専門家。北海道の山奥に住む4人家族の父。11年間のサラリーマン生活の後、タイのジャングルに当時6歳と2歳の子どもを連れて、合計300日以上滞在しながらパーマカルチャーを学ぶ。家庭菜園、薪割りなどをしながら、暮らしや仕事の作り方を教える講座で収入を得る「遊暮働学」の生き方を実践している。工学博士。著書に『田舎で子育てしたいなら 自給自足でセミリタイア』、『自給自足でセミリタイア2 仕事の自給編』（ともにKindle）があり、ポッドキャストの配信も行なっているほか、テレビ番組への出演経験もある。

三栗　沙恵（みつくり　さえ）

東日本大震災を経験し、電気を使いすぎない暮らしに興味を持ち、発酵食品の研究を始める。味噌や梅干し作りから始め、2018年に山暮らしを始めてからは、さらに漬け物、納豆、野草ご飯、服作り、石けん作りなど、手作りの暮らし全般に研究の対象を広げている。「麹の学校」認定講師。

パーマカルチャー研究所
https://permaculture-lab.com/
こちらのホームページでは、わが家の日々の暮らしを写真つきで紹介しているほか、講座のご案内、メディアへの掲載・出演情報などを掲載しています。

北の国から　家族４人で幸せ自給生活
住まい・水・電気・薪・衣食までぜんぶ

2024年7月15日　第1刷発行
2024年9月25日　第2刷発行

著　者　三栗　祐己
　　　　三栗　沙恵

発行所　一般社団法人　農山漁村文化協会
〒335-0022　埼玉県戸田市上戸田2-2-2
電話　048(233)9351(営業)　048(233)9355(編集)
FAX　048(299)2812　振替　00120-3-144478
URL　https://www.ruralnet.or.jp/

ISBN978-4-540-23150-6　DTP製作／(株)農文協プロダクション
〈検印廃止〉　印刷／光陽メディア

製本／根本製本
Printed in Japan　定価はカバーに表示
乱丁・落丁本はお取り替えいたします。